D1828153

böhlau

Köln. Eine Stadtgeschichte in Bildern, Bd. 4

Wolfgang F. Meier · Werner Schäfke

KÖLNS WEG IN DIE GEGENWART

Vom Ende des Kaiserreichs bis ins 21. Jahrhundert

BÖHLAU VERLAG WIEN KÖLN WEIMAR

Bibliografische Information der Deutschen Nationalbibliothek:
Die Deutsche Nationalbibliothek verzeichnet diese Publikation in der Deutschen Nationalbibliografie; detaillierte bibliografische Daten sind im Internet über http://dnb.d-nb.de abrufbar.

© 2020 by Böhlau Verlag GmbH & Cie. KG, Lindenstraße 14, D-50674 Köln
Alle Rechte vorbehalten. Das Werk und seine Teile sind urheberrechtlich geschützt. Jede Verwertung in anderen als den gesetzlich zugelassenen Fällen bedarf der vorherigen schriftlichen Einwilligung des Verlages.

Umschlagabbildung: © Wolfgang F. Meier

Lektorat: Detlef Reich, Köln
Einbandgestaltung: Guido Klütsch, Köln
Satz: Michael Rauscher, Wien
Druck und Bindung: Finidr s.r.o., Český Těšín
Gedruckt auf chlor- und säurefreiem Papier
Printed in the EU

Vandenhoeck & Ruprecht Verlage | www.vandenhoeck-ruprecht-verlage.com

ISBN 978-3-412-51694-9

INHALT

BILDER ERZÄHLEN

VORWORT

Dieser abschließende Band der Kölner Stadtgeschichte in Bildern widmet sich der Stadt beginnend mit der Zeit nach dem Reichtum des Kaiserreichs, mit dem Köln sich in eine moderne Großstadt verwandelt hatte, an die sich das Erlebnis zweier verlorener Kriege anschließt. Es beginnt ein schwerer Gang in die Gegenwart, geprägt von politischen und wirtschaftlichen Krisen. Als einzige Millionenstadt Deutschlands, die nicht Landeshauptstadt ist, gilt Köln heute als arm aber glücklich, man lebt gerne hier. Die Armut zeigt sich in den Statistiken: Im BIP, im Bruttoinlandsprodukt pro Kopf, liegt Köln zurzeit mit fast 60.000 Euro pro Kopf über dem Landesdurchschnitt von knapp 40.000 Euro pro Kopf, liegt aber als Großstadt deutlich zum Beispiel hinter Düsseldorf mit fast 80.000 Euro pro Kopf. Das oft vernachlässigte Erscheinungsbild Kölns im Vergleich zu Düsseldorf spricht eben aus, was Statistiken notieren.

Was liegt vor uns?

Der Erste Weltkrieg stört und zerstört zunächst Kölns Weg in die Moderne, die sich mit der Sonderbund-Ausstellung 1912 und der Werkbund-Ausstellung 1914 angekündigt hat. Das Kriegsende hinterlässt auch in Köln eine veränderte Gesellschaft. Als Symptome genügen hier das Ende der Monarchie und das Frauenwahlrecht. Bis 1933 ist Konrad Adenauer die Persönlichkeit, die Kölns Gestalt und Geschichte aktiv prägt. Die Konturen und Akzente, die zu seiner Zeit und aus seiner Initiative entstehen, prägen Köln bis heute: In der Kölner Stadtlandschaft geschieht dies mit den Grüngürteln Fritz Schumachers, in der Wirtschaft mit dem Messegelände, für den Verkehr mit der Autobahn nach Bonn, mit der Deutzer Brücke, mit der Planung der Mülheimer Brücke, mit dem Flughafen Butzweilerhof, in der Kölner Industrie mit dem Gewinn der Ford-Werke für Köln, für das Informationszeitalter mit der Übernahme des zukünftigen WDR aus Münster nach Köln und der Gründung der Universität.

Nach abgeschlossenem Jurastudium und Tätigkeit als Gerichtsreferendar tritt Konrad Adenauer 1906 eine Beigeordnetenstelle bei der Stadt Köln an. Damit beginnt seine politische Karriere – erst einmal in Köln. 1909 übernimmt er als Erster Beigeordneter auch die Stellvertretung des Oberbürgermeisters und zeigt im Ersten Weltkrieg sein Organisationstalent bei der Versorgung der Kölner Bevölkerung. Seit 1917 trägt er dann die volle Verantwortung als Oberbürgermeister und stellt nach dem Ersten Weltkrieg entscheidende Weichen für die Zukunft Kölns. Unter englischer Besatzung nach Kriegsende bis 1926 entfaltete

Konrad Adenauer erste Initiativen zur Verwirklichung seiner Vorstellung von Köln als Metropole des Rheinlandes. 1919 wird die Universität gegründet. Das Messegelände auf der rechten Rheinseite wächst seit 1922. Das Stadtbild erhält mit innerem und äußerem Grüngürtel eine unverwechselbare Grundstruktur. 1933 wird er von den Nationalsozialisten aus dem Amt vertrieben. Für fünf Monate, vom 4. Mai bis zum 6. Oktober 1945, übernimmt er noch einmal das Amt des Oberbürgermeisters. »Wegen Unfähigkeit« von den Engländern entlassen, begann so seine beispiellose Karriere in der Bundesrepublik als Parteivorsitzender und Bundeskanzler, der seiner Heimatstadt stets verbunden blieb.

Die Herrschaft des Nationalsozialismus führt in den Zweiten Weltkrieg, zur Vertreibung und Ermordung der Kölner Juden, zur Verwüstung der Stadt. Die zweitausendjährige Geschichte Kölns ist in diesen Jahrzehnten zwischen Erstem Weltkrieg und den immer wieder neuen Krisen der Gegenwart stets wieder sichtbar. Handel, Handwerk und Industrie werden nach wie vor von der vor zwei Jahrtausenden unter Agrippa ausgewählten geografischen Lage bestimmt. Die lebendige Großstadt wird zur Bühne einer ebenso lebendigen Kultur, die von der Werkbundausstellung 1914 über die Blüte der Kunststadt Köln in den 70er und 80er Jahren des 20. Jahrhunderts bis in die Gegenwart reicht.

ZWEI WELTKRIEGE UND EIN »DRITTES REICH«

RAUSCH, FURCHT UND SCHRECKEN

Für alle kommen nach der ersten Begeisterung schließlich bittere Not und Hunger. Der Erste Weltkrieg bringt schon im September und Oktober 1914 Furcht und Schrecken in die Stadt. Die ersten Bombenangriffe der Militärgeschichte per Flugzeug verursachen geringe Sachschäden und töten ein Dutzend Kölner. Die Bomben kamen als Antwort auf deutsche Angriffe per Zeppelin von Köln aus Anfang August 1914 auf Lüttich und Antwerpen. Von Köln aus hat sich, wie Mario Kramp dargestellt hat, das Unheil des Luftkrieges seinen Weg gebahnt. Nicht gerade ein Ruhmesblatt Kölner Geschichte. Die für Verkehr und Handel günstige Lage Kölns wird damit zum Ursprung einer Entwicklung, die drei Jahrzehnte später Köln als Trümmerwüste hinterlässt, in der zur Überraschung aller und als Zeichen von Hoffnung unbeschädigt – nur auf den ersten Blick – der Dom steht.

Der Kaiser, sein Generalstab und viele Begeisterte mögen bei Kriegsbeginn geglaubt haben, dass wie 1870/71 ein kurzer Siegeszug bevorstand. Aus den Hoffnungen wurde ein zermürbender Stellungskrieg verbunden mit einer Materialschlacht, die den Reichtum des Reiches verzehrte, die Männer im besten Alter aus dem Leben, zumindest aus dem Arbeitsleben riss. Bei der Arbeit traten oft genug nun Frauen bei deutlich geringerem Lohn an ihre Stelle. Unter dem Druck der Verhältnisse stiegen die Löhne in der kriegswichtigen Industrie, glichen sich an die Einkommen einfacher Angestellter und Beamter an. Das nach Einkommen gegliederte Dreiklassenwahlsystem verlor seine Gültigkeit. Das gleiche Wahlrecht für alle, für Männer und Frauen, wird unvermeidbar.

Patriotismus eint die Gesellschaft. »Burgfrieden« galt für die Politik im Rat wie im Reich. Soziale Solidarität einte Reich und Arm. Spenden wurden überall im Reich durch das Benageln von hölzernen Symbolfiguren gesammelt. Köln wählte den »Kölner Bauern«, seit dem Spätmittelalter Symbolgestalt der Treue Kölns zum Reich. Kommerzienrat Max von Guilleaume stiftet die Figur, über 3 Meter hoch in Lindenholz umgesetzt vom Bildhauer Wolfgang Wallner. Am 20. Juni 1915 wurde der »Kölsche Boor« in einem Pavillon an der Südseite des Gürzenichs aufgestellt. Bis zum Kriegsende brachte die Benagelung etwa 1,5 Millionen Goldmark für die Nothilfe und über 6 Millionen Mark durch die

Ablieferung von Gold und Silber im Rahmen der Aktion »Gold gab ich für Eisen« für die Finanzierung des Krieges. Über die Sparkasse der Stadt Köln werden in den gleichen Jahren mehr als 5,2 Millionen in Gold abgeliefert. Am 4. November 1915 beschließt der Rat, dass die seit dem 1.September 1915 hier gesammelten Spenden »einem besonderen Fonds für Cölner Kriegerwitwen und -waisen zugeführt werden«. Ein weiterer Spendentopf wird mit der vom Rat 1914 begründeten »Städtischen Kriegssammlung« geöffnet. Dafür werden am 14. Dezember 1916 zu den bereits bewilligten 5 Millionen noch 2 Millionen zusätzlich zur Verfügung gestellt. Damit können neben den Kriegswitwen und Waisen weitere 25.000 Kölner Familien mit insgesamt 87.000 Personen unterstützt werden. Für großzügige private Spenden zugunsten notleidender Kölner bedankt sich der Rat noch lange nach Kriegsende am 7. Februar 1924.

Um die Versorgung der Stadt mit Lebensmitteln bemüht sich der Erste Beigeordnete der Stadt, Konrad Adenauer (1876–1967) früh und im Vergleich mit anderen Städten erfolgreich um Abhilfe. Nach der Wahl zum Ersten Beigeordneten 1909 wurde er zugleich Stellvertreter von Oberbürgermeister Max Wallraf (1907–1917), dem Bruder seiner Schwiegermutter. Seine Leistungen sind überzeugend. Um ihrer Rolle als Festung gerecht werden zu können, wurde Köln verpflichtet, zur Vorsorge bei einer denkbaren Belagerung Vorräte für fünf Monate einzulagern. Dafür nutzte man die Lagerhäuser des Rheinauhafens. Als die Vorschrift Ende 1918 aufgehoben wird, war man glücklich, nun darüber verfügen zu dürfen. In der großen Ausstellungshalle wurden 1.000 Jungrinder aufgefüttert. Solange es möglich war und soweit das Angebot reichte, kaufte Köln auch im Ausland Nahrungsmittel auf, machte Schulden dafür. Die Versorgung mit den Grundnahrungsmitteln, mit Kartoffeln und mit Brot stellte die Stadt vor Probleme. Kartoffeln importierte sie schließlich selbst aus dem Osten des Reiches und gab sie unter Einkaufspreis an die Bürger ab. Beim Brot wurde Konrad Adenauer persönlich und vorausschauend aktiv. Gemeinsam mit den Brotfabrikanten Jean und Josef Oebel entwickelte er aus Reis, Roggen und Mais, aus nicht staatlich bewirtschafteten Getreiden, ein nahrhaftes Brot. Unter der Nummer 296648 vom 2. Mai 1915 ließen sich die Drei »ein dem rheinischen Roggenschwarzbrot ähnelndes Schrotbrot« patentieren. Das schuf mit dem »Adenauer-Brot« bis heute andauernden volkstümlichen Ruhm.

Ein regenreicher Herbst 1916 lässt einen großen Teil der Kartoffelernte auf den Feldern verfaulen. Der kalte Winter 1916/17 verschärft den Mangel an Lebensmitteln und Heizungsmaterial. Eisgang auf dem Rhein verhindert den Transport von Kohle per Schiff. Die folgende Hungersnot ist deutschlandweit bis heute als »Steckrübenwinter« in Erinnerung. Die Steckrübe/Kohlrübe war sonst als Schweinefutter im Einsatz gewesen. Forderungen nach einem raschen Friedensschluss werden laut. Hungerproteste wurden durchaus, wie Oberbürgermeister Max Wallraf erleben musste, auch für politische Zwecke eingesetzt. Nach einem Protestmarsch von Frauen mit lauten Rufen nach Kartoffeln, konnte er feststellen lassen, dass ringsum noch 10.000 Zentner Kartoffeln auf Käufer warteten.

Als Oberbürgermeister Max Wallraf im Sommer 1917 zum Innenminister im Kabinett von Georg von Hertling berufen wurde, wurde der Weg frei für seinen Stellvertreter. Das sieht so leicht und konsequent aus, als hätte es gar nicht anders sein können. Geschichte ist nicht vorhersehbar, auch wenn es im Rückblick oft so scheint, dass es so hätte kommen müssen. Sehen wir hier einmal genauer hin: Konrad Adenauer hätte zuvor bereits einen Ruf als Oberbürgermeister nach Aachen annehmen können, Max Wallrafs Amtszeit lief schließlich noch bis in den Sommer 1919. Konrad Adenauers Verletzungen, besonders im Gesicht, bei einem schweren Autounfall im März 1917 hätten durchaus ein anderes Ende finden können. Beim Zusammenstoß seines eingeschlafenen Fahrers mit einer Straßenbahn wird er durch die gläserne Trennscheibe geschleudert. Schnittwunden, zerschmetterte Gesichtsknochen, ausgeschlagene Zähne bringen ihm vier Monate Krankenhaus und ein deutlich verändertes Gesicht. Drei Monate in der Kur in St. Blasien folgen. Zwei führende Herren des Zentrums haben ihn vor der Wahl dort besucht. Er gibt Ihnen auf den Heimweg mit: »Meine Herren, anormal bin ich nur äußerlich!« Er befindet sich noch in der Kur, als er am 18. September 1917 einstimmig bei zwei Enthaltungen zum Oberbürgermeister gewählt wird. Die große Zustimmung wird nicht bleiben. Seine Wiederwahl 1929 erfolgt mit nur einer Stimme Mehrheit.

Im Winter 1917/18 ist der Zerfall der öffentlichen Ordnung und das bittere Ende der Kriegsbegeisterung auch in Köln spürbar. Mit Diebstählen von Treibriemen wird die Produktion lahmgelegt. Einbrüche in großem Stil versorgen den Schwarzen Markt. Das Ende des Krieges bringt am 6. November 1918 sogar nach Köln die Revolution, die mit dem Matrosenaufstand am 4. November in Kiel begonnen hatte. Wilhelm Sollmann (1881–1951) fordert am Abend des 6. Novembers als führender Kopf der SPD bei einer Versammlung in Mülheim Freiheit für alle politischen Gefangenen, die Abdankung des Kaisers und die Wahl einer von allen volljährigen deutschen Frauen und Männern gewählten Nationalversammlung »zur Herbeiführung der Großdeutschen Sozialistischen Republik«. Am 7. November treffen revolutionäre Matrosen aus Kiel am Hauptbahnhof ein, deren Aufruhr mit dem Aufruf zu einer Versammlung am nächsten Morgen auf dem Neumarkt aufgefangen wird. Während der Nacht ziehen

Trupps durch die Stadt, die Gefängnisse werden geöffnet und unterschiedslos die Gefangenen, unter denen sich auch Kameraden der Kieler Matrosen befinden, befreit. Während des 8. Novembers sind Plünderungen von Geschäften zu verzeichnen. Die Versammlung am 8. November auf den Neumarkt bestätigt den von der SPD vorgeschlagenen Arbeiter- und Soldatenrat mit Wilhelm Sollmann an der Spitze. Eine Sicherheitswehr setzt den Plünderungen ein Ende. Der Oberbürgermeister stellt den Schlachtensaal und den Muschelsaal, Schreibmaschinen und Papier im Rathaus zur Verfügung, vermeidet unnötige Auseinandersetzungen, und da die englische Besatzung schließlich die Zusammenarbeit mit diesem Rat ablehnt, löst sich das Problem bald von selbst. Die bescheiden und zurückhaltend auftretende Revolution fordert zwölf Todesopfer, zumeist von der Sicherheitswehr erschossene Plünderer. Am 10. November wird unter Beteiligung aller Parteien ein Wohlfahrtsausschuss gebildet, den Oberbürgermeister Adenauer leitet. Drei Abgesandte des Arbeiter- und Soldatenrates, darunter Wilhelm Sollmann, reisen ins Große Hauptquartier nach Spa. Die Organisation der friedlichen Durchreise der von der Westfront zurückkehrenden Truppen mit Unterkunft und Verpflegung gelingt, wohl der größte Erfolg des Wohlfahrtausschusses und Konrad Adenauers. Mitte November beginnt die Durchreise und am 3. Dezember verlassen die letzten deutschen Truppen Köln, das nun, wie im Waffenstillstand von Compiègne vom 11. November 1918 festgelegt, von den Engländern besetzt wird. Etwa 2.000 Tote hat 1918/19 die Spanische Grippe in Köln gefordert. 3.000 Tote, zusätzlich zu den Bombenopfern, rechnet man Hunger und Not dazu. 15.000 Soldaten sind im Krieg gefallen oder ihren Verletzungen schließlich erlegen.

Am 6. Dezember 1918 ziehen die ersten englischen Truppen über die Aachener Straße in Köln ein. General Algernon Lawson trifft sich bereits zur Mittagszeit mit Oberbürgermeister Konrad Adenauer im Rathaus. Am 11. Dezember folgen die für die Besetzung des englischen Brückenkopfes Köln vorgesehenen Truppenverbände. Um Mitternacht dieses Tages wird die englische Zeit für Köln vorgeschrieben: »Alle Uhren sind zu diesem Zeitpunkt um eine Stunde zurückzustellen.« Am 12. Dezember trifft sich nun Militärgouverneur Charles Ferguson mit Konrad Adenauer: Presse- und Versammlungsfreiheit werden eingeschränkt, die englische Fahne ist zu grüßen, eine nächtliche Ausgangssperre wird verhängt, Einquartierungen folgen. Zu Beginn sind 55.000 Mann der Besatzungstruppen unterzubringen. Schulen, Fabrikgebäude, Hotels und 2.000 Privatwohnungen in den besseren Stadtvierteln werden requiriert. Bis zum Ende der Besatzungszeit sinkt die Zahl der Soldaten auf unter 10.000 Mann.

Anfang 1919 wird heftig über die Umwandlung des weitgehend von Frankreich besetzten Rheinlandes in eine Westdeutsche Republik gestritten. Köln war Teil eines kleinen von England besetzten Brückenkopfes. Die Kölner Stadtverwaltung jedenfalls trennt sich von der preußischen Vorschrift aus der Mitte des 19. Jahrhunderts und schreibt wieder »Köln« statt »Cöln«, ein kräftiges Symbol für eine Abtrennung von Preußen, für eine Rheinische Republik im Rahmen des Reiches. Aber es kommt nicht dazu. Die Lage in Köln war durch die englische Besatzung bestimmt, die die französischen Wünsche einer Abtrennung des Rheinlands, sei es als selbständige Republik unter französischem Einfluss oder als eigenständiges Land innerhalb des Reiches ablehnte. Schon im August 1919 hatte man Kölns Regierungspräsident Karl von Starck (1917–1919) und Oberbürgermeister Konrad Adenauer informiert, dass keine neuen Autoritäten ohne vorherige englische Bestätigung anerkannt würden. So beteiligt sich Köln zwar am Generalstreik am 15. März 1920 gegen die Konterrevolution des »Kapp-Putsches«, der auch in Köln das gesamte öffentliche Leben lahm legt, aber ohnehin im besetzten Rheinland gegenüber der englischen Besatzung in Köln aussichtslos war. Am 17. März 1920 scheitert der Putsch. Die Weimarer Republik hat ihre erste Prüfung bestanden. Auch auf dem Höhepunkt der separatistischen Aktivitäten für eine Abtrennung des Rheinlandes im Jahre 1923 gelang es nicht, diese Bestrebungen erfolgreich in die englische Besatzungszone zu bringen.

DAS SCHNÖDE GELD

Der quälende Weg zur Inflation, zur ebenso untragbarer Verschuldung Englands und Frankreichs bei den USA und infolgedessen zu untragbaren Reparationszahlungen, die England und Frankreich fordern, um ihre USA-Schulden zu begleichen, begann kurz nach Kriegsbeginn im Sommer 1914. Die großzügige Geldschöpfung der Reichsbank, bis zum Kriegsbeginn im Gleichklang mit der Produktivität des Landes, begann mit der »finanziellen Mobilmachung« vom 4. August 1914, dem fatalen Weg zu einer immer aktiveren Finanzierung der Kriegskosten mit dem großzügigen Druck von Banknoten. Das hatte Folgen: Gold verschwand aus dem Alltag, große Geldscheine wurden im Alltag abgelehnt, um die Silbermünzen horten zu können. In der zweiten Jahreshälfte 1918 stieg der Bedarf an höheren Scheinen bei steigenden Preisen und Mangel an Warenangeboten deutlich an. Längst wurden Lebensmittel und andere alltägliche Güter staatlich bewirtschaftet. Nun wurden die Gemeinden aufgefordert, eigene Scheine in den Wertstufen ab 5 Mark herauszugeben. Die Reichsbank bot an, sich an den Druckkosten und am Risiko, durch Fälschungen geschädigt zu werden, zu beteiligen.

Die Inflation führte dank der unerbittlichen Haltung der Alliierten gegenüber dem Reich und der USA gegenüber ihren Verbündeten beim Eintreiben von Schulden zu Wirtschaftskrisen, zur Großen Depression, zu Not und Zorn in Europa und schließlich in den Zweiten Weltkrieg. Am 17. Juli 1922 wird vom Reichsfinanzministerium der Druck von amtlichem Notgeld generell verboten. Der Bedarf lässt sich nicht unterdrücken. Ein Rundschreiben vom 26. September 1922 genehmigt erneut die Produktion, auch von Banken, Verwaltungen und Unternehmen, allerdings unter Hinterlegung des gedruckten Gesamtbetrages in bar oder in Schatzwechseln bei der Reichsbank. Köln hat, in seiner durch die englische Besatzung erschwerten Lage, ohne das Rundschreiben abzuwarten, in Absprache mit der Reichsbank und der Regierung schon vorher gehandelt.

Großzügige Produktion von Falschgeld unterstützte die Verbreitung von Papiergeld zusätzlich. Im Juli 1921 wurde in Köln ein Großunternehmen für Falschgeld geschlossen, das zum Schluss mit elf Druckwerkstätten gearbeitet hatte. Die Arbeit wurde den Fälschern, wenn man die grob aus Aluminium gearbeiteten offiziellen Druckstöcke im Vergleich zu den komplex bearbeiteten Stahlstichen der alten Reichsmarkscheine betrachtet, auch leicht gemacht. Für den Alltag hatte die Inflation verheerende Folgen. Bei offiziell festgesetzten

Preisen verschwanden auch in Köln die Waren vom Wochenmarkt, aus den Geschäften, aus den Kaufhäusern und erschienen auf dem Schwarzmarkt.

Für das besetzte Rheinland und damit auch für Köln standen begehrte Güter über das »Loch im Westen« zur Verfügung. Die Güter kamen dank reduzierter Steuersätze, oder sogar zollfrei als Einfuhr als Güter der Besatzungskräfte oder dank erfolgreichen massenhaften Schmuggels über die Grenzen zu den Niederlanden, Belgien und Frankreich in Fülle. Die Verzollung von Importen erfolgte, wenn überhaupt, nicht in Gold wie an den anderen Grenzen des unbesetzten Reiches, sondern in Papiergeld. Das lenkte Importe ins besetzte Rheinland. Umgekehrt waren Exporte gegen Devisen bei immer weiter sich verschlechternden Wechselkursen für beide Seiten attraktiv. Waren, die sonst im Reich nicht zugänglich waren, standen auf der »Insel der Seligen« gegen hohe Preise trotz öffentlicher Zwangsbewirtschaftung zur Verfügung. Die Inflation hatte für viele Teile der Bevölkerung unübersehbare Folgen. Ersparnisse wurden vernichtet. Renten verloren an Kaufkraft. Lohn- und Gehaltserhöhungen konnten mit den Sprüngen der Inflation nicht Schritt halten. Der 11. März 1920 sieht eine Demonstration mit mehr als 50.000 Teilnehmern. Die junge Demokratie verlor Vertrauen. Not und Hunger, ständig steigende Preise standen den Inflations- und Devisengewinnlern gegenüber, die ihren Reichtum als öffentliches Ärgernis zur Schau trugen. Für sie waren diese »20er« Jahre tatsächlich golden.

Die französisch-belgische Besetzung des Ruhrgebietes Anfang 1923 als Zwangsmaßnahme, um auf direktem Wege an die zustehenden Reparationen zu kommen, führte zum Höhepunkt der Inflation. Die Regierung in Berlin und die Bevölkerung reagierten mit Protest und passivem Widerstand. Nun beginnen die Mühen, die Inflation zu beenden: Alle Scheine, die seit Oktober 1923 herauskommen, beginnend mit dem Schein zu 100 Milliarden, gelten nur noch bis zum 1. April 1924. Das hatte die alliierte Rheinlandkommission am 24. September 1923 verfügt. Am 20. November 1923, als der Hyperinflation mit der Einführung der Rentenmark ein Ende gesetzt wurde, ist ein Dollar 4,2 Billionen Mark wert, eine Billion entspricht einer Rentenmark. Bis Anfang 1925 blieben die Billionenscheine zu diesem Umrechnungskurs noch in Gebrauch.

GROSSE EREIGNISSE, GROSSE PROJEKTE

Vor diesem Hintergrund ist der Aufstieg Kölns nach dem Krieg zur modernen Metropole erkennbar mühselig. Die Stadt gehört bis zum 31. Januar 1926 zur englischen Besatzungszone. Erst im Sommer 1930 werden alle alliierten Truppen aus dem Rheinland abgezogen. Aber das hindert Konrad Adenauer nicht an der Verwirklichung großer Pläne. Ganz im Gegenteil. Er nutzt bis zum Ende der Besatzungszeit die Freiräume, die ihm unter englischer Besatzung eine gewisse Distanz zu Berlin ermöglichen.

1919 gelingt ihm im Einvernehmen mit der Reichsregierung die Neugründung der 1798 von den Franzosen geschlossenen Universität. Heute ist Köln mit etwa 50.000 Studenten, dazu mit Technischer Universität und anderen Hochschulen über 100.000 Studierenden die drittgrößte Hochschulstadt der Bundesrepublik. Die Handelshochschule, die aus der Initiative und den finanziellen Stiftungen Gustav von Mevissens (1815–1899), des großen Mannes der rheinischen Wirtschaft, zu Beginn des 20. Jahrhunderts entstand, wurde zum Kern der Neugründung. Die Hochschullandschaft wird 1925 durch die Reorganisation der Rheinischen Musikschule und die Gründung der Staatlichen Hochschule für Musik ergänzt.

Für Handel und Verkehr bringt das Jahr 1921 zwei wichtige Entscheidungen im Rat: Im Gelände der Werkbundausstellung sollen Bauten für die Messe entstehen, die bis heute in Konkurrenz zu Düsseldorf bestehen kann. Die Messegesellschaft wird von der Stadt, von der Industrie- und Handelskammer, der Handwerkskammer und den Gewerkschaften getragen. Im Mai 1924 findet dort die erste Kölner Frühjahrsmesse statt. Die Messehallen bieten 1925 auch den Raum für die »Jahrtausend-Ausstellung der Rheinlande«, die binnen drei Monaten über 1,4 Millionen Besucher für die nationale Geschichte anzieht. Mit der PRESSA des Jahres 1928 wird dann sogar bei Ausstellern wie Besuchern internationale Aufmerksamkeit erreicht. Kurz noch einmal zurück ins Jahr 1926. Anfang 1926 findet in der Messe die »Westdeutsche Funkausstellung« statt. Im Oktober 1926 gelingt es – in Konkurrenz zu Düsseldorf – mit diesem dokumentierten Interesse und günstigem Raumangebot in der Dagobertstraße den Vorgänger des WDR, die Westdeutsche Rundfunk AG aus Münster nach Köln zu holen. Linksrheinisch wird der Bau des Industriehafens Niehl und das anschließende Industriegebiet festgelegt. Für den Bau des Industriehafens werden genauso wie später für den Bau der Autobahn nach Bonn mit Unterstützung der Berliner Regierung Arbeitslose bei »Notstandsarbeiten« eingesetzt. Im Juli 1922 sind es über 3.000. Mit Universität, Messe und Westdeutschem Rundfunk und ab 1928 mit den Ford-Werken erhält der Standort Köln in diesen Jahren, aktiv von Konrad Adenauer betrieben, neue bis heute wirksame Wirtschaftsfaktoren. Der WDR wird dazu mit seinem »Elektronischen Studio« im frühen Nachkriegsköln der 1950er Jahre zum Kristallisationspunkt der Kunstmetropole Köln werden, deren Glanz in den 1980er Jahren internationale Aufmerksamkeit erreicht.

Das im Vertrag von Versailles festgelegte Ende der »Festung Köln« öffnet den Weg für die Neugestaltung der Stadtlandschaft. 1921 werden die nach dem Versailler Vertrag zu zerstörenden Festungsanlagen vom preußischen Militärfiskus für 21 Millionen Mark erworben. In der Zeit der beginnenden Inflation eine günstige Erwerbung, besonders im Vergleich zum Erwerb der mittelalterlichen Festungsanlagen im Jahre 1881 für fast 12 Millionen Mark. Die in Privatbesitz befindlichen Grundstücke des zugehörigen inneren und äußeren Rayons, das bebauungsfreie Schussfeld, können enteignet werden. Das besonders von Kölner Reichstagsabgeordneten betriebene Rayongesetz vom 27. April 1920 gibt der Stadt das Recht, die Eigentümer (nur) nach dem Wert von 1914 zu entschädigen. Das löst später bei den Abgeordneten des Zentrums im Rat Protest aus, als die Geldentwertung nicht berücksichtigt werden soll.

Seine Vorstellungen für die Nutzung des äußeren und inneren Rayons, des freien Schussfeldes, das nicht bebaut werden durfte, hatte Konrad Adenauer bereits 1920 als kleine Broschüre: »Eine Lebensfrage für Köln. Wald, Feld und Wiese vom Rhein bis zum Rhein« veröffentlicht: »Jetzt muss es sich entscheiden, ob Köln dereinst eine riesige Steinwüste sein wird oder aber eine Stadt, deren Bewohner ein menschenwürdiges Dasein führen können.« Da Stadtbaumeister Karl Rehorst ein Opfer der Spanischen Grippe geworden war, kann Konrad Adenauer für drei Jahre Hamburgs Baudirektor, den vielseitig interessierten und aktiven Fritz Schumacher (1869–1947), gewinnen. Er hatte 1903 die »Erste Deutsche Städte-Ausstellung« in Dresden organisiert. Für den »Deutschen Werkbund« bei dem Konrad Adenauer ja Mitglied war, hatte er 1907 die Gründungsrede gehalten. Ganz im Sinne Konrad Adenauers entwickelte er ein städtisches Grünsystem für Köln aus einem Halbkreis des inneren Rayons für den inneren Grüngürtel und einem unterschiedlich breiten Kreis des äußeren Grüngürtels entlang der Militärringstraße aus dem äußeren Rayon. Wieder können hier etwa 3.000 Arbeitslose im Rahmen von »Notstandsarbeiten« in Lohn und Brot gesetzt werden. Die ersten »Notstandsarbeiten« hatte die Stadtverwaltung bereits Ende 1918 im Stadtwald durchführen lassen. In den Krisenjahren

1923 und 1924 zählt Köln jeweils gut 50.000 Arbeitslose. Erst 1925 sinkt die Zahl auf 21.000.

Damit wird im Grüngürtel an der Aachener Straße auch Gelände frei und durch Tausch und Enteignungen freigemacht. Insgesamt stehen am Ende 80 Hektar für die großen Sportanlagen mit Jahnwiese und Müngersdorfer Stadion zur Verfügung. Hier rechnet Konrad Adenauer sogar mit der langfristigen Beschäftigung von 15.000 Arbeitslosen für die Erdarbeiten. Er hat dabei Hintergedanken. Daher lehnt er Vorschläge, doch lieber zahlreiche kleinere Sportplätze ringsum zu verteilen, ebenso ab wie die Nutzung einer Kiesgrube linksrheinisch. Das hätte weniger Arbeit bedeutet. Kleine Sportplätze hätten jedoch seine Wünsche nach Großveranstaltungen zerstört.

Die Aufnahmen von der Eröffnung am 16. September 1923 zeigen einen weit geschwungenen Erdwall, dessen schräge Neigung zum Spielfeld Stehplätze für 60.000 Zuschauer bietet. Auf dem insgesamt 55 Hektar großen Gelände befinden sich dazu ein Schwimmbad, Plätze für Leichtathletik und Fußball, eine Radrennbahn, zwei Dutzend Tennisplätze, drei Hockeyplätze und eine große Spielwiese, die Jahnwiese. Die Finanzierung durch Anleihen, das haben schon die Zeitgenossen erkannt, war wie das Kölner Tageblatt sah, ein Glückstreffer: »Die Notenpresse hat das Kölner Stadion finanziert.« Das bietet nun Raum für große Sportereignisse, die Köln überregionale Aufmerksamkeit sichern, wie die II. Deutschen Kampfspiele vom 4. bis zum 11. Juli 1926. Es soll das eigene, nationale Olympia werden: »Wie einst die alten Griechen ihr Kultur- und Nationalfest hatten, so drängte es auch im deutschen Sportleben zu einem gleichen Höhepunkte.« Erst 1928 darf Deutschland wieder an den Olympischen Spielen teilnehmen. Mit dem Deutschen Turnfest vom 25. bis zum 28. Juli 1928 hält die Deutsche Turnerschaft mit ihren fast zwei Millionen Mitgliedern »Heerschau am Rhein«. Selbst aus den USA erwartet man mehrere tausend Turner. Zuvor von der Teilnahme an den Olympischen Spielen ausgeschlossen, wurden die Veranstaltungen als nationaler Ersatz gefeiert. Für die Vergabe der Olympischen Spiele 1936 bewirbt sich Köln neben Frankfurt und Berlin. Man lässt dann Berlin den Vortritt, so dass die Entscheidung im Olympischen Komitee 1930 für Berlin fällt.

Die großzügigen Anlagen in Müngersdorf gehören bereits zu Konrad Adenauers Bemühungen um die Stadtplanung, mit der Fritz Schumacher, Architekt und Stadtplaner aus Hamburg, beauftragt wurde. Das Gelände der preußischen Festungsringe stand nun mit dem äußeren und inneren Festungsrayon zur Debatte. Seine nur zu geringen Teilen als Architektur verwirklichten Planungen sicherten Köln die großzügigen Anlagen des äußeren und inneren Grüngürtels, entlang der am Rande des eigentlichen Ballungszentrums verlaufenden Militärringstraße und jenseits des die Neustadt begrenzenden Eisenbahnrings. Sie boten Raum für großzügige Landschaftsgestaltung und für die Platzierung wichtiger öffentlicher Bauten. Dazu gehört das neue Gelände der Universität. Dort wurde am 26. Oktober 1929, am Tag nach dem »Schwarzen Freitag« der New Yorker Börse, der Grundstein für das neue Universitätshauptgebäude des Stadtbaumeisters Adolf Abel gelegt. Es ist Kern des seit den 1860er Jahren ausgebauten Universitätsviertels. Zu Beginn hatte man den Bau der alten Handelshochschule an der Claudiusstraße genutzt, heute Geisteswissenschaftliches Zentrum der TH Köln.

Der Investitionsbedarf der Kommunen wurde zum Streitfall. Hjalmar Schacht, Präsident der Reichsbank, griff in seiner berühmten »Bochumer Rede« am 18. November 1927 die Kommunen heftig an: »Ich stelle hier fest, dass wir ohne die Luxusausgaben der Städte nicht eine einzige kommunale Auslandsanleihe aufzunehmen brauchten.« Dazu zählten für ihn »Stadien, Schwimmbäder, Grünanlagen, Messegebäude, Hotels, Flugplätze und Museen«. Nicht nur in Köln sah man darin einen persönlichen Angriff auf Oberbürgermeister Konrad Adenauer, dessen selbständiges Vorgehen Hjalmar Schacht ein besonderes Ärgernis war. 1928 folgt eine Anleihe über 1,15 Millionen Pfund – etwa 23 Millionen Mark, bei einer Verzinsung von 6 Prozent wieder auf 25 Jahre bis 1953 angelegt. Angriffe kamen auch von anderen Seiten. Die Höhe seines Gehaltes als Oberbürgermeister und seine Einkünfte aus anderen Ämtern – ein Sitz im Rheinischen Provinziallandtag, im Provinzialausschuss und im Preußischen Herrenhaus – und Aufsichtsratsmandaten wurde ihm gerne vorgerechnet. Eine Spekulation mit Aktien der Firma Glanzstoff Courtaulds, deren Ansiedlung ihm im Niehler Industriegelände gelungen war, wird ihm noch heute gerne vorgeworfen. Er hatte Insiderinformationen, die er als Mitglied des Aufsichtsrates bekommen hatte, dafür genutzt. Die Spekulation schlug fehl und brachte ihn in finanzielle Schwierigkeiten. Insidergeschäfte, diese suchterzeugende, so süß duftende Blüte des Kapitalismus, stehen in Deutschland allerdings erst seit 1994 unter Strafe.

Am 5. Januar 1926 hob die sozialdemokratische »Rheinische Zeitung« zum 50. Geburtstag Konrad Adenauers Leistungen noch hervor und lobte, dass es ihm gelungen sei, »Gegner manchmal mit dämonischen Geschick zu überzeugen oder auszuschalten«. Diesem Geschick sollte später auch die SPD noch zum Opfer fallen. Die Verletzungen aus dieser Zeit zum Beispiel bei Hans Böckler oder Robert Görlinger nehmen die Kontrahenten in den Rat der Stadt Köln der Jahre 1945 mit. Ein Höhepunkt war die Auseinandersetzung um die Mülheimer Brücke im Rat. Die SPD versuchte unter Führung von Robert Görlinger, dem

Oberbürgermeister, zu dem die guten Beziehungen der frühen Jahre nach dem Ersten Weltkrieg mit Wilhelm Sollmanns Weggang in den Reichstag abgekühlt waren, eine Niederlage beizubringen. Zuvor war die SPD bei der Besetzung einer Beigeordnetenposition gescheitert. Offiziell ging es um die Höhe der Kosten und um die Gestaltung als Bogenbrücke oder Hängebrücke. In der Abstimmung am 19. Mai 1927 siegte Konrad Adenauer, dem wohl daran lag, mit den Seilen der Firma Felten & Guilleaume für die Hängebrücke Arbeit und Geld in Köln zu halten, mit 47 zu 36 Stimmen.

In der Weltwirtschaftskrise seit dem 25. Oktober 1929, dem »schwarzen Freitag«, gehen die städtischen Einnahmen aus Steuern und den stadteigenen Betrieben von fast 350 Millionen Reichsmark dramatisch um fast ein Drittel auf knappe 210 Millionen zurück. Mitten in der Weltwirtschaftskrise wird Konrad Adenauer dennoch am 17. Dezember 1929 mit einer Stimme Mehrheit wiedergewählt. Die Zahl der Arbeitslosen verdoppelt sich von 1928 bis 1932 auf über 100.000. Trotz rigoroser Sparhaushalte muss die Stadt am 13. Juli 1931 verkünden, dass sie ihre Zahlungsverpflichtungen nicht mehr erfüllen kann. Der Schuldendienst wird eingeschränkt. Bis auf laufende Unterhaltungsmaßnahmen werden alle Bauarbeiten gestoppt. Auch im Haushalt von 1932 bleibt trotz allen Sparens eine Lücke von über 30 Millionen Reichsmark.

Oskar Türk (1893–1978), Stadtkämmerer Kölns 1936–1945 unter nationalsozialistischer Diktatur mit erfolgreicher Nachkriegskarriere in der FDP, hat sich 1938, ohne über die von Konrad Adenauer gemachten Schulden zu klagen, in einem Manuskript mit der »Finanzstruktur der Stadtgemeinde Köln« beschäftigt. Die Kursgewinne der Reichsmark seit 1931 vermindern die Zinslasten der städtischen Auslandsschulden: »Von den Schulden der Stadt Köln fielen hierunter im Jahre 1931 die England-Anleihe und zwei kurzfristige £-Kredite, sowie die Amerika-Anleihe und später verschiedene Kredite auf Schwedenkronen und Schweizerfranken.« Er klagt darüber, dass das Reich auf diese Kursgewinne zugreift. Der Zweite Weltkrieg hat die Zahlungen der Zinsen und Rückzahlungen der Kredite unterbrochen. Nach dem Londoner Schuldenabkommen von 1952 wurden die Zahlungen wieder aufgenommen. Die letzten werden 1983 eingelöst.

Die Messebauten erhielten erst 1928 ihre Gestalt, die heute noch diesen Bereich des Stadtbildes prägt, nach den Plänen Adolf Abels, von 1925 bis 1930 Kölner Stadtbaudirektor. Im Stil der Zeit, expressionistisch noch in der Verwendung dunkelroten Backsteins, präzise gereiht und gegliedert im Sinne der neuen Monumentalität, erstrecken sich die Hallen, heute von RTL genutzt. Der hohe Messeturm setzt dazu den optisch wirksamen Akzent. Anlass des Umbaus und der zusätzlichen Errichtung des Staatenhauses war die Internationale Presse-

Ausstellung, kurz Pressa, im Frühjahr 1928. Es gelang, mit diesem Thema fünf Millionen Besucher ins Messegelände zu bringen. Damit war noch der Erfolg der Jahrtausend-Ausstellung zur Geschichte der Rheinlande im Messegelände im Jahre 1925 übertroffen worden.

Mit den Großausstellungen und der großzügigen Stadtplanung waren mitten in der Inflation, unter englischer Besatzung und in den Wirren der Weimarer Republik Ansätze der Vorkriegszeit aufgenommen worden. Unter Stadtbaumeister Carl Rehorst hatte der Ausbau des Stadtzentrums zur großstädtischen City begonnen. Straßendurchbrüche wie Zeppelinstraße oder Gürzenichstraße erschließen das neugeformte Geschäftszentrum mit Schildergasse und Hohe Straße. Im Anschluss an den neuen Hauptbahnhof (1890–1894), dessen grandiose Halle von 255 Metern Länge erhalten blieb, werden damals die Straßen An den Dominikanern und Unter Sachsenhausen zu Geschäftsstraßen. Große Bauten mit wuchtigen Werksteinfassaden, Banken, Kaufhäuser und Verwaltungsbauten entstanden in dieser Zeit. In der Gürzenichstraße, der neuangelegten Fortsetzung der Schildergasse, zeugen das Geschäftshaus Palatium, heute Apple, oder der Kaufhof, damals Warenhaus Tietz, mit seinen römischen Formen von diesem Aufbruch der Stadt. Beide Bauten entwarf Wilhelm Kreis. Mit Großausstellungen hatte Köln in den Jahren vor dem Ersten Weltkrieg im Bereich von Kunst und Kunsthandwerk begonnen. Aufsehen hatten der Auftritt der modernen Kunst in der Sonderbund-Ausstellung des Jahres 1912 und für das Kunsthandwerk die Werkbund-Ausstellung des Jahres 1914 auf dem späteren Messegelände erregt. Damit waren die Weichen gestellt für die erfolgreiche Messe- und Ausstellungspolitik Kölns bis zum heutigen Tag.

Nach der großen Eingemeindung des Jahres 1888 waren 1910 rechtsrheinisch noch Kalk und Vingst zu Köln gelangt. 1914 dehnte sich Köln rechtsrheinisch erneut weit aus, verdoppelte fast das Stadtgebiet. Mit der Eingemeindung von Worringen 1922 gelang unter Konrad Adenauer im Norden Kölns die letzte Eingemeindung bis 1975. Ein Gewinn für Köln, der vom Landkreis beklagt wurde. Bürgermeister Josef Seul waren die Fortzahlung seines Gehaltes auch über die Pensionierungsgrenze hinaus, freie Wohnung mit Garten und die Umzugskosten wichtiger und vertraglich zugesichert worden. Damit erhielt die Stadt linksrheinisch freien Raum für die Stadtplanung nach 1945. Erst 1975 brachte die kommunale Neuordnung weiteren Zuwachs auf gut 405 Quadratkilometer mit inzwischen über einer Million Einwohnern. Der Bereich der mittelalterlichen Stadt, in dem man sich als Besucher Kölns meist bewegt, nimmt mit 4 Quadratkilometern nur noch 1 Prozent des heutigen Stadtgebietes ein.

Auch der Verkehr wuchs. 1910 war die Südbrücke für die Eisenbahn, für den Güterverkehr, vollendet. 1911 wurde die Hohenzollernbrücke als Eisenbahn- und Straßenbrücke fertiggestellt. Eine zusätzliche Straßenbrücke folgte mit der Deutzer Brücke im Jahre 1915. Sie ersetzte die 1822 errichtete Schiffsbrücke, die inzwischen zum lästigen Hindernis des angewachsenen Schiffsverkehrs geworden war. Seit 1935 erinnerte die Deutzer Brücke als Hindenburgbrücke an Paul von Hindenburg (1847–1934), der Adolf Hitler den Weg an die Macht freigemacht hatte. An die Stelle der zerstörten Kettenhängebrücke trat nach dem Zweiten Weltkrieg die Deutzer Brücke als schlanke Stahlkastenträgerbrücke mit freiem Blick aufs Stadtpanorama, wie von Konrad Adenauer in den wenigen Wochen als Nachkriegsoberbürgermeister gewünscht.

1929 wurde die Mülheimer Brücke eröffnet. Die Stadtverordnetenversammlung hatte bereits eine billigere Bogenbrücke, ähnlich der Hohenzollernbrücke, beschlossen, danach setzte Oberbürgermeister Konrad Adenauer einen neuen Beschluss für die von ihm gewünschte Kabelhängebrücke durch. Auch nach der Kriegszerstörung hat man sie als Kabelhängebrücke wiederaufgebaut.

Ästhetische Gründe mögen eine Rolle gespielt haben, entscheidend aber war sicher der Gedanke an das traditionsreiche Unternehmen Felten & Guillaume, dessen Kabel ins Spiel zu bringen waren. Förderung der eigenen Industrie, Sicherung der Arbeitsplätze sind keine neuen Gedanken. Den Kommunisten in der Stadtverordnetenversammlung soll Konrad Adenauer die teurere Brücke mit dem Hinweis nahegebracht haben, dass sich unter den modernen Brücken Moskaus oder Leningrads keine einzige Bogenbrücke befände.

Noch vor der Machtergreifung Adolf Hitlers zeigte sich die zentrale Verkehrsstellung Kölns auch im Straßenverkehr mit der Eröffnung der Autobahn Köln–Bonn im Jahre 1932, die als Arbeitsbeschaffungsmaßnahme entstanden war.

Neben den großen Ausstellungen, neben großer Stadtplanung und großer Industrie entsteht in Köln nach dem Ersten Weltkrieg auch große Kunst: DADA mit Max Ernst oder mit den »Rheinischen Progressiven« vertreten von Heinrich Hoerle und Franz Wilhelm Seiwert. August Sander (1876–1964) ist der Fotograf des Projekts »Menschen des 20. Jahrhunderts«, das nach dem Ersten Weltkrieg konzipiert und realisiert wird. Er hat seine ersten Erfolge bereits erzielt, als er sich 1910 in Köln niederlässt. Seine Kundschaft sucht er vorerst als Wanderfotograf im Westerwald. 1927 zeigt er Fotografien seines Projekts im Kölner Kunstverein. 1929 macht ihn seine erste Publikation »Menschen des 20. Jahrhunderts« im Kurt-Wolff-Verlag mit einem Vorwort von Alfred Döblin überregional bekannt und bei den Nazis unbeliebt. In den Jahren vor dem Zweiten Weltkrieg entsteht als Vorahnung der kommenden Zerstörungen sein Mappenwerk »Köln wie es war«, das erstmals 1988 vollständig veröffentlicht wurde. Als August Sander 1964 starb, war er bekannt und vielfach gewürdigt, aber noch nicht wie heute weltberühmt.

Mit der Gruppe der »Rheinischen Progressiven« darunter Franz Seiwert und Heinrich Hoerle, arbeitet eine Künstlergruppe an einer für jeden lesbaren sozialen und auch sozialistischen Kunst. Ganz im Gegensatz zu »DADA«, der internationalen Bewegung, die mit provozierender Nichtverstehbarkeit auf die Zerstörung der Ordnung der Welt im Ersten Weltkrieg antwortet.

IM SCHATTEN DER NS-DIKTATUR

In Köln wird der Weg Adolf Hitlers zur Macht freigemacht. Ende der 1920er Jahre hatte Kanzler Brüning das Reich nur noch mit von Reichspräsident Paul von Hindenburg unterzeichneten Notverordnungen regieren können. Die Feinde der Demokratie, KPD und NSDAP hatten die parlamentarische Mehrheit, ließen keine Regierungsbildung möglich werden. Die Weimarer Republik hatte in ihrer kurzen Existenz, ähnlich wie die Demokratien in Spanien oder Italien, keine wirksamen Abwehrkräfte gegen den Faschismus aufbauen können. Der Kommunismus hatte zwar seine Anhänger, wurde aber vom überwiegenden Teil der Gesellschaft abgelehnt. Anders als bei der Konterrevolution des Kapp-Putsches im März des Jahres 1920, die ein Generalstreik aus der politischen Landschaft fegte, hatte der Nationalsozialismus als schleichendes Gift mit seiner Vorstellung einer detailliert und konsequent durchorganisierten, vom »Führer« geführten »Volksgemeinschaft«, immer mehr Anhänger gewonnen.

Mit der Wahl am 31. Juli 1932 war die NSDAP mit über 37 Prozent auf ihrem Höhepunkt angelangt. Mit der Wahl am 6. November 1932 ging sie auf etwas über 33 Prozent zurück. Das danach eingesetzte Kabinett mit Franz von Papen als Reichskanzler scheiterte im Reichstag. Den von seinem Nachfolger Kurt von Schleicher vorgeschlagenen Staatsstreich, den Reichstag ohne Neuwahl aufzulösen, lehnt der Reichspräsident ab. Am 28. Januar 1933 tritt Kurt von Schleicher daraufhin zurück. Die Idee einer reaktionären illegalen Machtübernahme war gescheitert. Nun ernennt Reichspräsident Paul von Hindenburg am 30. Januar 1933 Adolf Hitler zum Reichskanzler. Schritt für Schritt kann Adolf Hitler sich von hier aus »legal« die Macht sichern. Die Unterdrückung von KPD und SPD mit der »Reichstagsbrandverordnung« vom 28. Februar 1933, der Erfolg bei der Reichstagswahl am 5. März 1933, das Ermächtigungsgesetz vom 24. März 1933, das Gesetz zur Wiederherstellung des Berufsbeamtentums vom 7. April 1933 sind die wichtigsten Schritte. Nach dem Tod des Reichspräsidenten am 4. August 1934 kann Adolf Hitler schließlich auch dessen Amt übernehmen. Der Reichstag ist nach der Wahl einer offiziell mit Parteimitgliedern und Sympathisanten besetzten Einheitsliste vom 12. November nur noch Bühne für die politischen Tiraden des »Führers«.

In Köln hatte Franz von Papen als Vertrauter und Berater des Reichspräsidenten in einem Gespräch mit Adolf Hitler in der Villa des Bankiers Kurt von Schröder den Weg Adolf Hitlers zum Reichskanzleramt am 4. Januar 1933 am

Stadtwaldgürtel vorbereitet. Das »Geheimgespräch« war weder geheim geblieben noch sollte man seine Bedeutung überschätzen. Nach dem Gespräch seines Vorgängers mit Adolf Hitler war Kurt von Schleicher noch gut drei unruhige Wochen im Amt, bevor sein Plan eines Staatsstreichs scheitert und Adolf Hitler seine scheinlegale »Machtübernahme« in Gang setzen kann.

Horst Matzerath hat 2009 in seinem Buch »Köln in der Zeit des Nationalsozialismus 1933–1945« den Aufstieg der NSDAP in Köln zur Massenpartei und zur Herrschaft der nationalsozialistischen Diktatur ausführlich und präzise dargestellt. Konrad Adenauer hatte sich die NSDAP im Rat zu wütenden Feinden gemacht. (Im Gegensatz übrigens zu Max Wallraf, seinem Vorgänger als Oberbürgermeister [1907-1917], der noch im hohen Alter von 73 Jahren am 1. Mai 1933 Mitglied der NSDAP wird.) Berühmt ist seine Anweisung, die Hakenkreuzfahnen auf der Deutzer Brücke, die von der SA aufgezogen worden waren, mitten im Wahlkampf am 19. Februar 1933 wieder entfernen zu lassen. Da er Adolf Hitler als Wahlkämpfer und nicht als Reichskanzler ansah, weigerte er sich auch, ihn am Flughafen zu begrüßen, verweigerte die festliche Rheinbeleuchtung und seine Teilnahme an der Wahlveranstaltung in der Messe.

In der Reichstagswahl am 5. März 1933 schnitt die NSDAP in Köln zwar mit 33,1 Prozent gut, aber mehr als 10 Prozent schlechter ab als im Reichsdurchschnitt von 43,9 Prozent.

In der Kommunalwahl am 12. März 1933 wurde die NSDAP mit nun 39,6 Prozent zur stärksten Partei in der Stadtverordnetenversammlung. KP-Mandate wurden nicht anerkannt. Der Tag nach der Wahl, der 13. März 1933 brachte den Umsturz: »Die nationale Revolution braust über Köln.« Die Partei übernahm die Herrschaft. Vom Balkon der Ratslaube aus verkündete Gauleiter Josef Grohé, dass Dr. Günter Riesen Konrad Adenauer als Oberbürgermeister ersetzen würde.

Die erste Sitzung des neugewählten Rates am 30. März 1933 wurde mit der Verhaftung fast der gesamten SPD-Fraktion beendet, die sich bei der Wahl Adolf Hitlers und Paul von Hindenburgs zu Ehrenbürgern enthalten hatte. Manche Mitglieder der Zentrumsfraktion traten zurück, wurden durch jüngere ersetzt. Alle wurden zu »Hospitanten« der NSDAP-Fraktion. Mit dem 29. Juli 1933 war der Rat gleichgeschaltet, aber auch bedeutungslos. Josef Grohé als Gauleiter war von nun an der entscheidende Mann auch für die Stadt Köln. Die Verwaltung wurde rasch nationalsozialistisch ausgerichtet.

Mit dem vertragswidrigen Einmarsch deutscher Truppen 1936 ins eigentlich entmilitarisierte Rheinland setzt dann Reichkanzler Adolf Hitler ein Zeichen für die Zukunft. Große Pläne aber, die mit einem »Gauforum« in Deutz und Paradestraßen das Stadtbild Kölns erschreckend verändert hätten, verhinderte der Zweite Weltkrieg. Zeugnis der Herrschaft des Schreckens in der Gauhauptstadt sind die erhaltenen Zellen im Keller des damaligen Gestapohauptquartiers. Hier, im EL-DE-Haus, ist inzwischen das Dokumentationszentrum eingerichtet worden, das sich mit ständig wachsendem Erfolg bemüht, Material zur Geschichte Kölns im Dritten Reich zu sammeln und zu zeigen. Die Inschriften in den Zellen legen ein erschütterndes Zeugnis ab. Viele, von hier aus zu grausamen Foltern und Verhören geführt, wurden schließlich ermordet. Von der großen jüdischen Gemeinde Kölns wanderten viele rechtzeitig aus, aber über 7.000 Gemeindemitglieder wurden in die Konzentrationslager und in den Tod transportiert. Die Synagogen wurden zerstört, Besitz enteignet. Köln verlor einen wichtigen Teil seiner Bürger, seiner wirtschaftlichen Kraft, seines geistigen Lebens. Die gesellschaftliche Spaltung war keine Glaubensfrage, wie sie lange mit der »Mischehenfrage« das Heiraten zwischen Katholiken und Protestanten belastete: In welchem Glauben sollten die Kinder eines »gemischten« Ehepaares erzogen werden? Das führte im 19. Jahrhundert zu heftigen Auseinandersetzungen zwischen preußischem Staat und katholischer Kirche. Antisemitismus wirkt anders. Mitglieder der Bankiersfamilie von Oppenheim, längst teils protestantisch oder katholisch, heiraten vielfach zwar in den europäischen Adel ein, aber nie in eine Familie des meist protestantischen Kölner Industriepatriziats, denen man bei gesellschaftlichen und geschäftlichen Anlässen ständig begegnete.

Gespürt hatte man den Antisemitismus immer. Moses Hess (1812–1875), der »Künder des sozialistischen Zionismus«, wie ihn der 1. Zionistische Weltkongress 1897 in Basel feierte, fand erst lange nach seinem Tode seine letzte Ruhestätte. Auf dem jüdischen Friedhof in Köln-Deutz erinnert eine Gedenktafel an seine Grabstätte dort bis zum 9. Oktober 1962. Damals wurden seine Gebeine nach Israel überführt, das durch seine Vorstellungen mitgestaltet wurde. In Bonn geboren, kam Moses Hess erst 1825 nach Köln. Als Sohn des Kompagnons einer erfolgreichen Zuckersiederei holte Moses Hess als Autodidakt die Bildung nach, die er als Talmudschüler in Bonn versäumt hatte. 1837 bis 1839 war er in Bonn immatrikuliert. Sein sozialistisches Gedankengut prägt bereits damals die ersten Veröffentlichungen. 1842 wurde Karl Marx und nicht Moses Hess, der darauf gehofft hatte, Chefredakteur der »Rheinischen Zeitung«. Moses Hess ging als Korrespondent nach Paris. Erst nach einer Amnestie konnte Moses Hess 1861 nach Köln zurückkehren. Hier erschien im Jahr darauf sein Hauptwerk »Rom und Jerusalem, die letzte Nationalitätenfrage. Briefe und Noten«. In Paris war er bereits zum Judentum zurückgekehrt. Als »Rabbi des Kommunismus« vertrat er nun engagiert Zionismus auf sozialistischer Basis, wie er in den Anfängen jüdischer Rückkehr nach Israel vielfach umgesetzt wurde. Moses Hess blieb politisch aber auch als Journalist aktiv. Im Paris der Jahre nach Krieg und Kommuneaufstand als Korrespondent tätig, starb er am 6. April 1875 dort und wurde, seinem Wunsche entsprechend, zwei Tage darauf auf dem jüdischen Friedhof in Deutz beigesetzt.

Zu Beginn des 20. Jahrhunderts war Köln für wenige Jahre geistiges und institutionelles Zentrum des politischen Zionismus. Der Jurist Max Isidor Bodenheimer (1865–1940), seit 1890 in Köln, hielt angesichts der Pogrome in Russland, der Dreyfus-Affäre in Frankreich und eines hasserfüllten, aktiven deutschen Antisemitismus die jüdische Emanzipation in ihren jeweiligen Heimatländern für gescheitert – ähnlich wie es noch prominenter Theodor Herzl formulierte. Mit ihm und seinem Kölner Freund David Wolffsohn (1856–1914) wurde der Zionismus zu einer bedeutenden Kraft. So hatten zu Beginn des 20. Jahrhunderts die »Zionistische Vereinigung für Deutschland« mit Bodenheimer als Präsident wie auch der »Jüdische Nationalfonds«, dessen Präsident Wolffsohn 1905 nach Theodor Herzls Tod wurde, ihren Sitz in Köln, begleitet von wichtigen Publikationsorganen. Ein Höhepunkt war noch einmal 1928 die jüdische Sonderschau auf der PRESSA. Nach der Machtergreifung der Nationalsozialisten emigrierte Bodenheimer nach Palästina.

Nach der »Machtergreifung« werden jüdische Rechtsanwälte und Richter aus dem Gerichtsgebäude am 31. März 1933 herausgeholt und auf Müllwagen durch die Stadt gefahren. Am 1. April folgt die erste reichsweite Aktion gegen jüdische Geschäfte, Ärzte und Rechtsanwälte. Die Karnevalsgesellschaften wurden wie andere Vereine aufgefordert, jüdische Mitglieder auszuschließen. Die insgesamt etwa 16.000 Kölner Juden empfanden sich als gute Deutsche. Viele der Männer hatten im Ersten Weltkrieg gedient. Ihr Besitz wurde arisiert. Im Pogrom vom 9. auf den 10. November 1938 wurden die Synagogen verwüstet und zerstört, Geschäfte und Wohnungen verwüstet. Hunderte Männer wurden verhaftet und ins Konzentrationslager Dachau eingeliefert. Die Ausgrenzung wurde Schritt für Schritt verschärft. Etwa der Hälfte der Juden Kölns gelang es rechtzeitig zu emigrieren. Mehr als 7.000 Männer, Frauen und Kinder wurden ermordet. Ebenso verfolgt und ermordet wurden Sinti und Roma. Zwangssterilisierungen und Ermordung unter dem Titel »Euthanasie« waren ein anderes Mittel, nationalsozialistische Vorstellungen von »Rassenreinheit und Erbgesundheit« oder von »lebensunwertem Leben« durchzusetzen. Zur Durchsetzung der nationalsozialistischen »Volksgemeinschaft« gehörte auch die Verfolgung, Verhaftung und Verurteilung von Homosexuellen bis hin zu Kastrationen. Auch Bettler und Obdachlose fielen der Diktatur zum Opfer.

Widerspruch und Widerstand blieb selten und waren wenig erfolgreich. Katholiken sind da zu nennen, oft im Widerspruch zur Amtskirche. Im Spektrum sozialistischen und kommunistischen Denkens gerieten viele kleine Gruppen immer wieder in die Fänge der Gestapo. Im EL-DE-Haus, heute Sitz des NS-Dokumentationszentrums, landeten sie in den Zellen und in der Folter. Manche wurden ermordet. Längst nicht alle Jugendlichen ließen sich in die nationalsozialistischen Jugendorganisationen zwingen. Sie waren offenkundig eine besondere Bedrohung der »Volksgemeinschaft«. Berühmt geworden sind die »Edelweißpiraten«, da noch lange nach 1945 gestritten wurde, ob sie als Widerstand anzusehen sind. Gegen Kriegsende gab es sogar Gruppen, die in den Trümmern Kölns mit Waffengewalt Widerstand leisteten.

In der Nacht des 1. März 1941 kam es zum ersten großen Luftangriff auf Köln. Viele Luftangriffe sollten noch folgen. Entsetzen und Schrecken verbreitete der erste, sogenannte »1.000-Bomber-Angriff« in den frühen Morgenstunden des 31. März 1942. Über 5.000 Häuser wurden zerstört oder schwer beschädigt. Fast 500 Menschen fanden den Tod. Der 29. Juni 1943 verwandelte mit dem »Peter und Paul-Angriff« – nach den Heiligen des Tages benannt – die Innenstadt endgültig in ein Trümmerfeld. Fast 5.000 Tote und etwa 260.000 Obdachlose waren die Folge.

Als am 6. März 1945 amerikanische Truppen ins linksrheinische Köln einrückten, trafen sie auf eine entvölkerte Stadt, eine Ruinenlandschaft. Linksrheinisch lebten vielleicht noch 10.000 Menschen in der Trümmerwüste. Die anderen waren evakuiert, geflüchtet, noch im Feld. 20.000 Tote rechnet man für Köln im Bombenkrieg. Die Altstadt war zu 90 Prozent, die Neustadt zu 80 Prozent zerstört. Die Brücken waren vernichtet.

ENTWICKLUNGEN NACH 1945

Nach 1945 fallen Entscheidungen für Köln ohne Kölner Mitspracherecht, die bis heute nachwirken: Am 18. Juli 1946 erfährt der Rat der Stadt Köln, dass die Briten sich für Düsseldorf als zukünftige Landeshauptstadt des geplanten Landes Nordrhein-Westfalen entschieden haben. Zwischen 1949 und 1991 liegt Köln dann zwischen zwei Hauptstädten, zwischen Düsseldorf und Bonn. Das bringt für Köln bis 1991 Vorteile als Standort für Botschaften und große deutsche Verbände wie den BDI, den Bundesverband der Deutschen Industrie, oder den Arbeitgeberverband. Aber auch Nachteile lassen sich von Beginn an erkennen. Oberbürgermeister Hermann Pünder versucht 1948 vergeblich, die Landeszentralbank als Nachfolger der Filiale der Reichsbank nach Köln zu holen. Das bringt Folgen für Köln als Sitz von Börse und Banken. Auch der Sitz des Bundesgerichtshofes, auf den Köln sich Hoffnungen machte, ging nach Karlsruhe.

Andererseits kann politischer Einfluss auch helfen: Gerhart Baum, langjähriger Fraktionsvorsitzender der FDP im Rat, dann Staatssekretär und von 1978 bis 1982 Bundesinnenminister, sorgt 1978 dafür, dass der Neubau für das Bundesamt für Verfassungsschutz mit »rund 3.000 Arbeitsplätzen im Endausbau« nach Chorweiler kommt. Im Rat wird 1980 die Baugenehmigung für den neuen Sitz an der Merianstraße in Chorweiler erteilt. Im Antrag der FDP, die mit Stolz auf dieses Engagement ihres Ministers verweist und den Bau eines städtischen Verwaltungsgebäudes in Chorweiler fordert, ist damit die »Diskriminierung des Standortes endgültig beendet«. 1988 wird dann das Stadthaus mit gut 600 Arbeitsplätzen in Chorweiler eröffnet, heute von der Stadtverwaltung mit Rechenzentrum, Kassen- und Steueramt genutzt. Die Euphorie aber, mit der Chorweiler, die »Neue Stadt«, noch mehr als ein Jahrzehnt zuvor betrachtet wurde, ist verschwunden.

Die Weltlage nach 1945 war nicht mehr die Weltlage nach 1918. Mit dem Ersten Weltkrieg hatten die USA ihre Stärke unmissverständlich demonstriert. Mit dem Siegeszug der Sowjetarmee nach Berlin hatte der Kommunismus im Zweiten Weltkrieg nun seine Stärke bewiesen und anschließend zügig seinen Machtanspruch auf Herrschaft in Europa bis zur Elbe durchgesetzt. Der westliche Rest des Deutschen Reiches, das bedingungslos kapituliert hatte, musste gesichert werden. Er war als Schlachtfeld gedacht, sollte der Kalte Krieg seine Temperatur steigern. Das ging nicht allein mit Besatzungstruppen. Die Bevölkerung, vermehrt durch den Strom der Flüchtlinge aus der »Ostzone« und aus den an Polen abgetretenen Gebieten, musste für den Westen gewonnen werden. Schon an der Olympiade 1952 in Helsinki konnte man wieder teilnehmen. Mit der Fußball-Weltmeisterschaft 1954 konnte dann das »Wunder von Bern« zur Entspannung des nationalen Gemüts erfolgreich beitragen. Das nächste Wunder, das »Wirtschaftswunder« folgte wenige Jahre darauf. Selbst die Wiederbewaffnung ließ sich durchsetzen. Eine Begeisterung fürs Militär aber war nach der vernichtenden Niederlage bisher nicht zu verzeichnen. Über die Niederlage im Ersten Weltkrieg hatte sich das Militär noch mit der Dolchstoßlegende, die den zivilen Politikern die Verantwortung für Versailles gab, herausreden können. Und die ersten Erfolge in Osten und Westen hatten einen neuen Rausch ausgelöst. Jetzt aber hielt die Katerstimmung an, eigentlich bis heute, wie die Klage der Bundeswehr über den Mangel an Freiwilligen zeigt.

Die Bruchlinien von Krieg und nationalsozialistischer Diktatur zeigen sich in den Biografien aller Kölner. Für niemand gab es eine »Stunde Null«. Gegenüber den Emigranten, die zurückkehrten, fühlte man sich benachteiligt, hatte man doch den Krieg im Bombenkrieg oder an der Front erlitten. Die Schriftstellerin Irmgard Keun (1910–1982) ist nur ein Beispiel: Die geborene Berlinerin kam als Kind nach Köln, wo ihr Vater die »Cölner Benzin-Raffinerie« besaß. Nach Lyzeum und Schauspielschule begann sie zu schreiben. Alfred Döblin, dem sie im Elternhaus bei einer Dichterlesung begegnete, hatte sie ermutigt. Ihr sensationeller Erstlingserfolg im Jahre 1931, »Gilgi, eine von uns«, traf wie 1932 »Das kunstseidene Mädchen« mit seinem Ton der Neuen Sachlichkeit den Nerv der späten Weimarer Republik. 1933 weigerte sie sich, der Reichsschrifttumskammer beizutreten. Ihre Werke kamen als »Asphaltliteratur mit antideutschen Tendenzen« auf den Index. 1935 ging sie ins Exil. Hier erschien 1937 »Nach Mitternacht«, ihre Auseinandersetzung mit dem vom Nationalsozialismus beherrschten Deutschland. Nach einer Falschmeldung über ihren Selbstmord kehrte sie heimlich 1940 nach Köln zurück, lebte verborgen meist im Elternhaus.

Mit »Ferdinand, der Mann mit dem freundlichen Herzen« konnte sie 1950 nicht mehr an ihre Vorkriegserfolge anknüpfen. Der Schriftsteller Hermann Kesten hat als Ursache gesehen: Man wollte sich selbst und der eigenen Vergangenheit mit der Gegnerin der Nationalsozialisten nicht mehr begegnen. Irmgard Keun verstummte. Erst Ende der 1970er Jahre wurden ihre Werke wiederentdeckt. Ihr Roman »Nach Mitternacht« wurde 1981 verfilmt. Im Jahr darauf starb sie. »Schlußpunkt eines Sterbens, das schon lange zuvor eingesetzt hatte«, formuliert es ein Nachruf.

Trotz aller Mahnungen und Warnungen vor der Rückkehr in die zerstörte Stadt war die Kölner Bevölkerung Ende des Jahres 1945 bereits wieder auf über 400.000 Menschen angestiegen. Provisorisch richtete man sich ein, behalf sich, wie es eben ging, organisierte. Aus den mehr als 15 Millionen Kubikmetern Schutt – das entspricht etwa fünfzigmal dem Volumen des Domes – wurden sanfte Hügel in den Grünflächen der Stadt.

Nur teilweise wurde die Stadtplanung des Wiederaufbaus, die Rudolf Schwarz am 1. August 1947 der Öffentlichkeit präsentierte, auch verwirklicht. Das elitäre Konzept des Stadtplaners mit einer »Hochstadt« rings um den Dom als kulturellem Zentrum und Mittelpunkt des Handels und einer Arbeiterstadt im Norden des Stadtgebietes, dem heutigen Chorweiler, lässt einen sozialen Brennpunkt von Dauer entstehen. Den Raum dafür hatte Köln durch die rasch und gegen den Willen vieler Einwohner Worringens betriebene Eingemeindung im Jahre 1922 unter Konrad Adenauer gewonnen. In seinen wenigen Monaten als Kölner Oberbürgermeister, offiziell vom 4. Mai bis zum 6. Oktober 1945, entwickelte er erneut weitreichende Eingemeindungspläne. Erst mit der kommunalen Gebietsreform zum 1. Januar 1975 sollte sie zum Teil realisiert werden.

Eigeninitiative und Beharrungswille der Kölner formten das Bild des Wiederaufbaus, der erst Anfang der 1950er Jahre in Schwung kommt. Vielfältig war der Chor der Architekten, Planer, Bürger, Bauherren und Politiker, aus deren Stimmen, Wünschen und Hoffnungen heraus Köln nun eine Stadt der fünfziger Jahre wurde. Viele Straßen sind noch heute davon geprägt.

Große Bauten entstanden. Und damit sind nicht nur die Hochhäuser gemeint, die wie das Gerling-Hochhaus zwischen Ring und St. Gereon mit ihren begleitenden Bauten versuchen, einem ganzen Viertel ihren Hoheitsträgercharakter aufzuzwingen. Dort wirkt bruchlos die klassizistische Architektur des späten 19. Jahrhunderts über das Dritte Reich hinweg, dessen damals hochverehrter Bildhauer Arno Breker im Auftrag Hans Gerlings mitwirkt. 1953 war der Bau nach dem Plan von Erich Hennes vollendet.

Die Stadtplanung des Dritten Reiches hatte in den 1930er-Jahren mit dem Durchbruch einer Ost-West-Achse, die auf das pompöse »Gauforum« in Deutz zielte, zwischen Hahnentor und Neumarkt begonnen. Diesen Durchbruch plant nun Wilhelm Riphahn um. Eine begrünte Straße mit eingeschossigen Ladenlokalen und Kulturbauten beginnt hier bereits vor der Währungsreform 1948 zu entstehen. Manches davon ist, wie das Amerika-Haus und »Die Brücke«, auch in neuer Nutzung sehenswert. Die Gesamtanlage hat inzwischen manchen Eingriff erlitten.

Qualitätsvollen Einzelbauten begegnet man immer wieder. 1955 wurde der erneuerte Gürzenich, ergänzt um ein Foyer zwischen den alten Bauten des

Gürzenich und der Ruine von Alt St. Alban, vollendet. Mit seinem Foyer, der schönsten Treppe Kölns, und der feingliedrigen Decke des großen Saals von Ludwig Gies ist er der Höhepunkt dieser Jahre, gestaltet von den Architekten Rudolf Schwarz, Josef Bernhard, Karl Band und Hans Schilling. Inzwischen ist er – erstaunlich zurückhaltend – renoviert worden. Fast ein Nachbar ist der Spanische Bau, der vor der Vollendung des Alten Rathauses im Jahre 1972 alle Rathausfunktionen übernehmen musste. Der außen schlichte Backsteinbau Theodor Teichens, ebenfalls 1955 vollendet, birgt innen gestalterische Leistungen wie den Ratssaal oder die Treppe vor dem Fenster Georg Meistermanns. Architektonischer Akzent – gegen die Vorstellungen des Stadtplaners Rudolf Schwarz – ist im Stadtbild auch der Bau des WDR am Wallrafplatz von Peter Friedrich Schneider, dessen erster schlichter Bau nach Westen später Anschluss erhalten hat. Darunter der Archivbau über der Nord-Süd-Fahrt und das Vier-Scheiben-Haus, die gemeinsam eine Schneise ins Stadtbild schlagen. Das »Studio für Elektronische Musik« des WDR für Neue Musik wird seit 1951 von Herbert Eimert aufgebaut und 1963 von Karlheinz Stockhausen (1928–2007) übernommen. Mit der Verleihung des Kulturpreises Köln 1996 hat die Bedeutung des großen Komponisten der Neuen Musik auch in seiner Heimat und zentralen Wirkungsstätte Anerkennung gefunden. Im Studio für Elektronische Musik des WDR wurde er zur führenden Gestalt, 1963 auch als Gründungsleiter der »Kölner Kurse für Neue Musik« an der Rheinischen Musikschule. Zahlreiche Kompositionen für Orchester, Chor und elektroakustische und elektronische Medien sind international aufgeführt und mit Preisen geehrt worden. Das Studio wird in Jahrzehnten, in denen Künstler mit allen Medien experimentieren, zur Keimzelle der Kunstmetropole Köln, die ihren Höhepunkt in den 1980er Jahren erreicht. Das 1986 eröffnete Museum Ludwig ist der überlebende Zeuge dieser überraschenden Entwicklung. Der Kölner Kunstmarkt, erstmals 1967 im Gürzenich, entsteht aus diesem Umfeld. Später ist der Kunstmarkt in der Kunsthalle am Neumarkt mit Konkurrenzausstellung auf dem Neumarkt. Heute als Art Cologne in der KölnMesse, macht die Szene Köln vorübergehend zum Zentrum des Handels mit moderner Kunst.

Auch bei Heinrich Böll (1917–1985), der 1972 einen Nobelpreis nach Köln bringt, spielt der WDR als Arbeitgeber der frühen Jahre eine wichtige Rolle. Er hat immer in einem spannungsvollen Verhältnis zu seiner Heimatstadt gestanden. Noch die Würdigung als Ehrenbürger 1983 war von Diskussionen begleitet. Seine Werke hat man als »fortlaufenden Kommentar zur Geschichte Nachkriegsdeutschlands« bezeichnet. Ein Kommentar, der kritisch blieb und auch Köln nicht schonte. Andere Schriftsteller und Journalisten zieht der WDR als Auftraggeber nach Köln. Es entsteht eine intellektuelle Szene gegenseitiger Anregung in Köln, die sich oft im Café Campi auf der Hohe Straße trifft, und versucht, die Kölner Verlage mit Manuskripten zu versorgen.

An der Nord-Süd-Fahrt, die über Jahre hinweg aus der Nachkriegsverkehrsplanung gewachsen ist, bieten Oper, 1957 nach den Plänen von Wilhelm Riphahn gebaut, und Schauspielhaus mit vorgelagertem Offenbachplatz die ansehnlichste Lösung in der Reihe von Geschäftshäusern mit der historisierenden Werbearchitektur des 4711-Hauses als merkwürdiger Partner des Opernhauses. Es war der erste Opernhausneubau nach dem Kriege, wie auch der Neubau des Wallraf-Richartz-Museums, 1957 eröffnet, von Rudolf Schwarz und Josef Bernhard der erste Museumsneubau war. Inzwischen ist hier das Museum für Angewandte Kunst eingezogen. Die Architektur der fünfziger Jahre ist historisch geworden. Längst hat der Prozess ihrer Verwandlung eingesetzt, sie wird »modernisiert«, renoviert, umgemodelt und verändert, aber an vielen Stellen hat man auch bereits den eigenständigen Wert dieser Bauten erkannt und pflegt sie.

Unübersehbar hat sich in diesen Nachkriegsjahren an vielen Stellen der Stadtplan und das Straßenbild gewandelt. Der wachsende Verkehr zwang die Stadtplanung zum Ausbau der Ost-West-Achse bis zum Heumarkt, bis zur Deutzer Brücke. Aus der Nachkriegsplanung entstand die neue Nord-Süd-Straße, die – da sie nur zum Fahren genutzt wird – konsequenterweise auch als Nord-Süd-Fahrt bezeichnet wird. Alle Versuche, die Schneise im Stadtgefüge mit Namen zu belegen, hatten nur in den gedruckten Stadtplänen einen gewissen Erfolg. Der ständig wachsende Verkehr erzeugte auch an anderen Stellen grundlegende Änderungen. Zum Symbol des Wiederaufstiegs wurde in Köln die Severinsbrücke. Der nicht in die Strommitte gesetzte, asymmetrisch angelegte A-förmige Pylon als Träger der seilverspannten Balkenbrücke war ein modemachender Erfolg des Jahres 1959. Entlang des Rheines begegnet man einigen Varianten jüngeren Datums. 1963 wurde mit dem Ausbau eines U-Bahn-Netzes begonnen, das mit normalen Straßenbahnwagen befahren wird. Die Geschwindigkeit bleibt kölnisch angenehm.

Die Autobahnbrücke im Norden der Stadt (zwischen Merkenich und Leverkusen) schloss 1965 den Autobahnring um Köln, den ersten in Europa. Und als nördliches Gegenstück zur Severinsbrücke folgte 1966 die Zoobrücke für den innerstädtischen Bereich. Der Flughafen Köln-Wahn wurde bis 1957 als britischer Militärflughafen nur zeitweise zivil genutzt. Die Briten und die Landeshauptstadt waren der Meinung, dass ein internationaler Flughafen in Düsseldorf für Nordrhein-Westfalen reicht. Köln-Wahn wird heute als Konrad-Adenauer-Flughafen mit neuen Bauten dem neuen Zeitalter des Luftverkehrs angepasst.

Als Frachtflughafen ist Köln sehr erfolgreich, als Passagierflughafen schafft es die Stadt knapp unter die ersten zehn Deutschlands.

Mit den Fußgängerzonen Hohe Straße und Schildergasse war Köln Vorreiter in diesem Bereich gewesen. Nach langen Jahren einer ruhigen Entwicklung ist nun – wenn man als Zeitgenosse und Bürger der Stadt überhaupt wagen kann, ohne historischen Abstand Entwicklungen zu benennen – seit Mitte der 1980er Jahre ein neuer Umbruch zu konstatieren. Ein erster Paukenschlag war 1982 die Vollendung des Rheinufertunnels, der die alte Stadtfassade dem Verkehr enthob, den Rheingarten zur Promenade davor machte. Dazu gehörte auch »Der Neubau« mit der Kölner Philharmonie und den Räumen für das Museum Ludwig, entworfen von zwei Kölner Architekten, Peter Busmann und Godfrid Haberer. Er ist zu einem Kristallisationskern für Kölns Attraktivität als Kulturzentrum geworden.

Ganze Straßenzüge werden inzwischen umgebaut, erneuert, verschönert. Das gilt nicht nur für die Ringe, deren Neugestaltung nach Jahren des U-Bahnbaus 1988 mit einem großen Fest gefeiert wurde. Es gilt für zahlreiche Straßen der Innenstadt und in den Stadtteilen. Der Neubau großer Luxushotels, die oft an markanten Stellen im Stadtbild neue Akzente setzen, hat bereits das rechte Rheinufer erreicht. Dazu gehört auch die Kölnarena, die nach ihrer Eröffnung im Herbst 1998 mehr als 18.000 Plätze für große Veranstaltungen aller Sparten bietet. Zum Flanieren reizen die wachsenden Fußgängerzonen, zum Bummeln die Passagen und Galerien. Und für die Zukunft wird bereits geplant und gebaut. Das Gelände des aufgegebenen Güterbahnhofs Gereon ist zum Mediapark geworden. Hier steht auch Kölns größter Kino-Tempel, der »Cinedom«.

KOLUMBA, das neue Diözesanmuseum, entworfen von Peter Zumthor, entstand über den Mauern der gleichnamigen Kirche und öffnete am 15. September 2007 seine Pforten. Das ungewöhnliche Konzept des regelmäßigen Wechsels fast der Gesamtheit aller Objekte im Museum ist bis heute eine Attraktion. Ein weiterer Museumsneubau: das Kulturzentrum am Neumarkt mit dem Rautenstrauch-Joest-Museum für Kölns völkerkundliche Schätze und das Museum Schnütgen ist am 22.Oktober 2010 eröffnet worden. Spiegelt dies traditionsreiche Kölner Interessen, wie sich mit der Einbindung ins Netz der Hochgeschwindigkeitszüge und dem Ausbau des Flughafens im Bereich Verkehr ebenso zeigt, so öffnet die Entwicklung Kölns zum Medienstandort neue wirtschaftliche Horizonte für das dritte Jahrtausend Kölner Geschichte.

DEMOKRATIE IM WANDEL

Kölns erster Stadtrat tritt am 1. Oktober 1945 mit 24 Mitgliedern, die vom englischen Stadtkommandanten berufen worden sind, im Hörsaal IV der Universität zusammen. Alte Bekannte aus den Zeiten des Rates vor 1933 treffen hier wieder zusammen. Erfahrungen mit Gestapo, Gefängnis, Zuchthaus oder Konzentrationslager hat fast jeder gemacht. Fast das ganze folgende Jahr beschäftigt sich der Rat mit den Lebensverhältnissen in der Stadt, mit Hunger und Wohnungsnot, mit Verwaltungstätigkeiten und Stadtplanung. Am 13. Oktober 1946 kann erstmals gewählt werden. Neben CDU und SPD ist seit 1948 auch die FDP im Rat aktiv. Bis 1952 ist auch die KPD im Rat vertreten. Dann scheitert sie, noch bevor sie 1956 verboten wird, an der 5-Prozent-Hürde.

Für dieses Prinzip der fraktionsübergreifenden Übereinstimmung in wichtigen stadtpolitischen Entscheidungen formuliert Oberbürgermeister Theo Burauen – seit dem 13. Oktober 1946 Mitglied des Rates, vom 9. November 1956 bis zum 17. Dezember 1973 Oberbürgermeister – am 26. April 1966 bei der Abstimmung über die Gestaltung des Wiederaufbaus des Historischen Rathauses das geflügelte Wort von der »kölnischen Fraktion«.

Das Abstimmungspatt im Rat bei der Wahl des Oberbürgermeisters am 15. November 1948 zwischen Ernst Schwering und Robert Görlinger (SPD) führte zum Losentscheid für Robert Görlinger, Oberbürgermeister vom 15. November 1948 bis zum 9. Dezember 1949. Um der KPD keine weitere Chance auf Einwirkung zu geben, wechseln sich danach Ernst Schwering vom 9. Dezember 1949 bis zum 23. November 1950 und Robert Görlinger vom 23. November 1950 bis zum 8. November 1951 und wieder Ernst Schwering vom 8. November 1951 bis zum 9. November 1952 im Amt ab. Das geschieht jeweils einvernehmlich nach Absprache zwischen SPD und CDU, wie Peter Josef Schaeven vor der Wahl am 8. November 1951 deutlich hervorhebt: »Über der Oberbürgermeisterwahl liegt längst nicht mehr die Spannung vom Jahre 1948. Die Wahl vollzog sich in den letzten Jahren nach den Abmachungen, die zwischen der CDU und der SPD getroffen worden sind, und die eingehalten wurden.« Zwischen CDU, SPD und FDP entwickelt sich daraus eine oft stille Partnerschaft mit Spielregeln, die sogar zwischen 1964 und 1975 als die SPD über die Mehrheit im Rat verfügt, eingehalten werden. Das wird bei der Wahl von Beigeordneten und Bürgermeistern sichtbar. Welche Partei jeweils das Vorschlagsrecht für eine Beigeordnetenposition hat, wird zwischen den Parteien vereinbart und das wird so bis heute durchgehalten. Das bedeutet auch, dass sich die Beigeordneten mehr ihrer jeweiligen Partei gegenüber verpflichtet fühlen als dem Oberstadtdirektor beziehungsweise seit 1999 dem oder der Oberbürgermeister/in. Die Kommunalreform von 1994, wirksam mit der Wahl von 1999, hatte das repräsentative Amt des Oberbürgermeisters mit der Chefposition der Verwaltung, mit dem Oberstadtdirektor verbunden.

Für die Bürgermeister, als Vertreter des Oberbürgermeisters gelten ähnliche Absprachen. Die Bürgermeisterpositionen als Stellvertreter des Oberbürgermeisters werden auf Vorschlag der Fraktionen vergeben. Nur einmal wird das Prinzip von der SPD gebrochen. 1969 wird Max Adenauer, bis 1964 Oberstadtdirektor und Spitzenkandidat der CDU in der gerade abgeschlossenen Kommunalwahl von 1969, nicht zum Bürgermeister gewählt. Die Amtszeit des wiedergewählten, populären Oberbürgermeisters Theo Burauen endet 1973. John van Nes Ziegler, Fraktionsvorsitzender der SPD ist als Nachfolger vorgesehen. Ein Bürgermeister Max Adenauer mit populärem Namen und repräsentativen Auftritten in den nächsten Jahren wäre für ihn zur gefährlichen Konkurrenz geworden. So verhindert die SPD demonstrativ gegen alle Gewohnheiten Max Adenauers Bürgermeisterwahl im Rat und John van Nes Ziegler wird von 1973 bis 1980 Oberbürgermeister. Das ist ein deutliches Beispiel der langsamen Auflösung der »Kölnischen Fraktion«, die nach Schwächeln und Krisen erst mit der Koalition von CDU und Grünen nach der Wahl von 1999 ihr Ende findet. Die SPD ist plötzlich ohne Macht. Große städtische Projekte werden nur noch selten über alle Parteien hinweg getragen, sondern werden zum Thema im Kampf um die Macht in der Stadt. Ein Beispiel ist der Beschluss über den lange umstrittenen Neubau des Kulturzentrums am Neumarkt für das Rautenstrauch-Joest-Museum und Museum Schnütgen. Dieser erfolgt im Jahr 2003 – offensichtlich ein Projekt der »Kölnischen Fraktion« – einstimmig. Am 14. Juni 2005 wird schließlich der Grundstein gelegt.

1979 verhindert die damals kommunal noch gültige 5-Prozent-Hürde noch den Einzug der späteren Grünen in den Rat und damit Dirk Bach (1961–2012) als Kölner Ratsherrn. Ende 1979/Anfang 1980 werden Kreisverband, Landesverband und Bundespartei gegründet. Seit 1984 sind die Grünen (seit 1994 offiziell Bündnis 90/Die Grünen) dann regelmäßig im Rat vertreten. Seit der Aufhebung der 5-Prozent-Hürde im Jahre 1999 sind auch Die Linke, Pro Köln und kleinere Wählerbündnisse im Rat vertreten. Das Rotationsprinzip gerät bei den Grünen ebenso aus dem Blickfeld wie die regelmäßigen Spenden der Ratsmitglieder für den Nikolaus-Gülich-Fonds. Und Jörg Frank, seit 1989 im Rat, ist seit 2010, nach einem am Regierungspräsidenten Hans Peter Lindlar (CDU) gescheiterten

Versuch, das Amt des Kämmerers zu übernehmen, stattdessen hauptamtlicher Fraktionsgeschäftsführer der Grünen. Er war lange Jahre der mächtigste Mann im Rathaus, bis er sich 2018 in die Pläne Martin Börschels, des Fraktionsvorsitzenden der SPD hineinziehen ließ. Dieser wollte eine neu zu schaffende Position als Hauptgeschäftsführer der Stadtwerke übernehmen. In den Stadtwerken sind viele städtische Unternehmen wie GEW, KVB, Rheinenergie, AWB, Häfen und Güterverkehr, KölnBäder und »moderne stadt« zusammengefasst. Ähnliche Wechsel aus der Politik in gut dotierte Positionen städtischer Unternehmen waren früher nicht selten. Seine Qualifikation für eine Führungsposition hatte man ja in der Politik bewiesen. Martin Börschels Versuch, unterstützt von Jörg Frank sowie von Bernd Petelkau, dem Fraktionsvorsitzenden der CDU, scheitert auch an Oberbürgermeisterin Henriette Reker. Von CDU und Grünen getragen, ist sie, offiziell parteilos, seit 2015 im Amt. Fast wäre sie vor der Wahl 2015 einem Mordanschlag zum Opfer gefallen. Mit der Wahl 2020 plant sie eine zweite Amtsperiode. Politische Absprachen sind schwieriger geworden. Martin Börschel verlässt 2019 den Stadtrat, bleibt aber als Abgeordneter im Landtag.

Das ist eine gute Gelegenheit das Thema »Kölner Klüngel« anzusprechen, mit dem sich Frank Überall 2007 als Teil der politischen Kultur Kölns ausführlich beschäftigt. Auch ich habe das Thema im Band »Köln nach 1945« behandelt. Wenig beruhigend ist die Feststellung Frank Überalls, dass solches Verhalten weit verbreitet sei, man nur in Köln offener darüber spreche. In früheren Jahrhunderten rollten dann schon einmal Köpfe. Heute verschwinden die Köpfe langsam aus der öffentlichen Wahrnehmung.

Die so oft »einstimmigen« Entscheidungen des Rates, manchmal mit der einen oder anderen Enthaltung verbunden, sind eine Konsequenz der Diskussionen, der Absprachen und Fraktionsdisziplin. Das heißt, auch wenn ein Ratsmitglied vielleicht persönlich anderer Meinung sein sollte, folgt es mit seinem Abstimmungsverhalten der Mehrheit der Fraktion beziehungsweise den Vorgaben des Fraktionsvorstandes. Daher werden geheime Abstimmungen im Rat zur Gefahr für den Fraktionsvorsitzenden und den Fraktionsgeschäftsführer. In geheimen Abstimmungen ist die Fraktionsdisziplin bedroht.

Nur in der offenen Abstimmung kann sich die Fraktionsführung der Wirksamkeit des Fraktionszwangs sicher sein. Der dramatischste Fall einer in geheimer Abstimmung verweigerten Fraktionsdisziplin ist die Abstimmung über den Verkauf des städtischen Unternehmens GAG Immobilien AG, der am 19. Dezember 2002 ebenso im Rat an zwei fehlenden CDU-Stimmen scheitert wie in der Wiederholung vier Wochen später am 13. Januar 2003. Zum 1. Januar 1990 war die Gemeinnützigkeit im Wohnungswesen abgeschafft worden. Damit waren nun GAG und GRUBO (Grund und Boden), beide weitgehend in städtischem Besitz, als Kapitalgesellschaften steuerpflichtig, standen im Markt, wurden aber auch für den Markt verfügbar. Im Jahr 2000 wird die GRUBO in die GAG integriert. In der nun entstandenen GAG Immobilien AG besitzt die Stadt etwa 90 Prozent der Aktien. Ein Wert, der städtischen Politikern in schwierigen Finanzzeiten, interessant zur Deckung des Haushaltes erscheint. Ein Bürgerbegehren, das sich gegen den Verkauf richtet, scheitert vor Gericht. Die SPD-Fraktion lehnt den Verkauf vehement ab. Die Fraktion der Grünen tritt zur Ratssitzung am 19. Dezember 2002 in schwarzen T-Shirts mit dem Aufdruck »Ein schwarzer Tag für Köln« gegen den Verkauf an, erlebt aber, dass der Verkauf in der geheimen Abstimmung scheitert. Zumindest zwei Ratsmitglieder der CDU haben sich in der Abstimmung gegen ihre Fraktion und gegen das Bündnis mit der FDP entschieden. Auch der zweite Abstimmungsversuch in einer Sondersitzung am 13. Januar 2003 scheitert.

Die Koalition zwischen CDU und FDP zerbricht am gescheiterten Verkauf. Rolf Bietmann tritt ein halbes Jahr später als Fraktionsvorsitzender zurück, um »sich stärker seinem Bundestagsmandat zu widmen«. Und mit den Grünen schließt die CDU in der Folge die erste Koalition in einer Großstadt. Mit gut 42.000 Wohnungen lebt heute fast jeder zehnte Kölner in einer der Wohnungen der GAG, deren Vorstände seit diesem gescheiterten Verkauf die sozialen Aufgaben, aber auch die Wirtschaftlichkeit des Unternehmens neu gewichtet haben. Durch die Entscheidung im Jahre 2016, die Aktie des Unternehmens aus dem Börsenhandel zu nehmen, muss nun auch angesichts einer wachsenden Bevölkerung und großen Bedarfs an bezahlbarem Wohnraum die reine Wirtschaftlichkeit nicht mehr ausschließlich im Vordergrund stehen.

Für die Politik, für die Einschränkung der Macht der nicht gewählten Verwaltung und des von immer weniger Wählern gewählten Rates bringen sich zunehmend Bürgerinitiativen als Gesprächspartner in Stellung. Seit 1994 haben in NRW Einwohnerantrag, Bürgerbegehren und Bürgerentscheid den Wünschen der Bürger direkte legale Wege geöffnet. Nur das 2008 gestartete Angebot, sich über den Bürgerhaushalt an den finanziellen Entscheidungen zu beteiligen, hat bisher keine großen Erfolge gebracht.

KÖLN BLEIBT KÖLN

Der Wandel der Gesellschaft durch Zuwanderung und Migration beginnt mit der langwierigen und schwierigen Integration der Vertriebenen und Flüchtlinge aus dem Osten, setzt sich mit der ebenso unbeliebten Arbeitsmigration fort und zeigt sich erneut mit der aktuellen Welle von Flüchtlingen aus Bürgerkriegen und wirtschaftlicher Not, die 2016 etwa 14.000 Flüchtlinge nach Köln gebracht hat. Inmitten dieses vielfältigen Wandels der Stadtgesellschaft bewahrt und formt die Stadt ganz erstaunlich ihr eigenes Gesellschaftsbild, die Eigenlogik der Stadt. Das bestätigt auch die jüngere empirische Sozialforschung, die das Erfolgsrezept für wirtschaftliches Wachstum in einer kreativen Gesellschaft mit den Stichworten Technologie, Talent und Toleranz eingrenzt: Aus den Indikatoren wie dem Anteil der im Ausland geborenen Bevölkerung, dem Wähleranteil rechtsextremer Parteien, der Zahl der Künstler und Künstlerinnen und dem Anteil Homosexueller an der Bevölkerung wird ein Toleranz-Index ermittelt. Hierbei liegt Köln in Deutschland mit 7,94 vor München, Hamburg, Freiburg, Frankfurt, Münster, Stuttgart, Düsseldorf und Heidelberg mit Werten von 6,85 bis 3,43. Nur Berlin steht mit einem Wert von 8,35 besser da. Das entspricht auch vehement dem Bild, das Köln von sich selbst zeichnet. Es entspricht der Eigenlogik der Stadt.

Die Popularität einzelner Persönlichkeiten spiegelt das Bild, das Köln von sich selbst hat und haben möchte: Nehmen wir Trude Herr (1927–1991) als Beispiel: Witz, Gespür für Komik und Situationskomik, Satire mit kritischem Biss, sentimentale Gefühlsseligkeit und Kompromisslosigkeit bis zum Scheitern, das waren Aspekte einer ebenso gewichtigen wie eindrucksvollen Persönlichkeit. In Köln konnte sie ihr eigenes Theater eröffnen. 1987 musste sie es, nach großen Publikumserfolgen und zu geringen finanziellen Erträgen, wieder schließen. Ihre Popularität als Ulknudel in vielen Filmen und als Sängerin frecher Schlager blieb im neuen Medium ohne finanziellen Erfolg. In Köln hatte sie sich früh mit ersten Auftritten im Millowitsch-Theater der Nachkriegszeit, mit Erfolgen auf der Karnevalsbühne oder im Varieté des »Kaiserhof« einen Namen gemacht. Nach der Schließung ihres Theaters im Vringsveedel zieht es sie auf die Fidschi-Inseln. Nach vier Jahren kehrt sie zurück und stirbt unerwartet am 15. März 1991. Ihre Beisetzung am 27. März auf dem Nordfriedhof wird zum Ereignis. Tausende nehmen Abschied von einer ungewöhnlichen Kölnerin, unvergessen bis heute.

Gesellschaftlicher Wandel ist ein vielfältiges Phänomen: Mit dem farbenprächtigen Fest und Umzug des CSD (Christopher Street Day) als regelmäßige bunte bis schrille Demonstration für die eigenen Interessen haben Kölns Homosexuelle inzwischen unter dem Titel »ColognePride« jeweils in den zwei Wochen vor dem 1. Sonntag im Juli längst ein wirkungsvolles und populäres Medium gefunden. In Erinnerung an den Protest der New Yorker Homosexuellen im Jahre 1969 wird der »Gay Freedom Day« in Köln schon lange, auch öffentlich gefeiert. Begonnen hat der heutige Kölner CSD bescheiden mit 5.000 Besuchern als Straßenfest in der Stephanstraße und anschließendem Umzug im Jahre 1991. 2002 wird der CSD sogar touristisch und finanziell erfolgreich als zentrale europäische dreiwöchige Veranstaltung »Europride« mit einer halben Million Zuschauern am Straßenrand durchgeführt. An seinem Beispiel ist auch die wirtschaftliche Bedeutung des schwul-lesbischen Tourismus untersucht worden. Gibt 2002 der Hetero als Tourist pro Besuch gut 222 Euro aus, tritt der Homosexuelle bei wenig höherer Verweildauer mit fast 390 Euro deutlich spendabler auf.

Auch im Volksaufstand gegen Rassismus und Fremdenfeindlichkeit demonstriert Köln seine Eigenlogik. Kölsche Sproch als Ausdruck des Selbstbewusstseins setzt sich mit dem Erfolg der großen Veranstaltung »Arsch huh, Zäng ussenander!« am 9. November 1992 auf dem Chlodwigplatz endgültig durch. Eine Demonstration, die bei 100.000 Kölnern vor Ort Begeisterung und Zustimmung fand. Auf der Bühne kam die kölsche Prominenz zusammen, wie zum Beispiel Jürgen Becker, die Bläck Fööss, Oberbürgermeister Norbert Burger, Elke Heidenreich, die Höhner mit Klaus dem Geiger, Jean Jülich (1929–2011), Willy Millowitsch (1909–1999), Wolfgang Niedecken mit BAP, Kölns erster schwuler Männerchor und Jürgen Zeltinger. Daraus erwuchs die bis heute mit Hermann Rheindorf als ihrem Sprecher weiter aktive »AG Arsch huh, Zäng ussenander!« Am 9. Januar 1993 nehmen über 40.000 Kölner an einer Lichterkette gegen Ausländerfeindlichkeit teil, zu deren Abschluss die Domglocken läuten. Am 30. Januar 1993 folgt ein Sternmarsch zur Kundgebung auf dem Altermarkt. Gemeinsam mit der »AG Arsch huh, Zäng ussenander!« wird für den 4. und 5. Dezember 1993 ein »Kölner Kongress zur gemeinsamen stadtbürgerlichen Verantwortung« im Bürgerhaus Stollwerck organisiert. In den Jahren danach folgt eine Vielzahl wirksamer kleiner Aktivitäten. Am 9. November 2012 wird 20 Jahre nach der legendären Kundgebung auf dem Chlodwigplatz erneut aufgerufen, nun gegen Ausgrenzung, Diskriminierung und soziale Spaltung in der Stadt. Wieder mit 80.000 Teilnehmern eine klare Demonstration. Die peinliche und schmerzhafte Entdeckung, dass das Nagelbombenattentat in der Keupstraße am 9. Juni 2004 nicht auf Auseinandersetzungen im Migrantenmilieu zurückging, sondern der NSU zuzuschreiben ist, löste Empörung aus. Nachlässige Ermittlungen hatten die Gesellschaft in Köln mit Misstrauen vergiftet. »Arsch huh« reagierte 2014 mit »Birlikte« – türkisch für »zusammen« – einem Festival für Integration und eine offene und vielfältige Gesellschaft und gegen Rechtsextremismus.

BILDER ERZÄHLEN

STADTPANORAMA

Das abendliche Köln, von der Aussichtsplattform des 103,20 Meter hohen KölnTriangle aufgenommen, leuchtet unter einem Himmel, den noch das Licht der gerade untergegangenen Sonne schimmern lässt. Das von Architektin Dörte Gatermann entworfene, lange und heftig umstrittene Hochhaus mit seinen 29 Etagen ist 2006 vollendet worden. Der aus Kreisabschnitten zusammengesetzte dreieckige Grundriss hat zum Namen des Gebäudes geführt. Die gerundete Form bietet dem Wind wenig Widerstand. Das passte gut zum Aufgabengebiet des ersten Hauptmieters, der EASA, der Europäischen Agentur für Luftsicherheit. Inzwischen hat die städtische Gebäudewirtschaft von hieraus den hilfreichen, vielleicht aber auch ablenkenden Überblick über ihr Aufgabengebiet erhalten. Die EASA hat das ehemalige Direktionsgebäude der Eisenbahn am gegenüberliegenden Ufer übernommen.

▶ Stadtpanorama 2011, vom KölnTriangle aus gesehen

KÖLSCHE DENKMALPOLITIK 1995

Große Persönlichkeiten werfen lange Schatten: »Von der Parteien Gunst und Hass verwirrt, schwankt sein Charakterbild in der Geschichte.« Was der Historiker und Dramatiker Friedrich Schiller für Wallenstein formulierte, gilt heute für Konrad Adenauer.

Für Konrad Adenauer als Oberbürgermeister gibt es in Köln kein Denkmal. Es gibt allerdings auch nur für einen anderen Oberbürgermeister ein Denkmal, für Harry Blum. Für ihn, gewählt in der Stichwahl am 26. September 1999, überraschend schon am 17. März 2000 gestorben, steht seit 2014 eine Bronzebüste auf einem Marmorsockel am Harry-Blum-Platz auf privatem Grund am Rheinauhafen. Das wirkt dennoch wie eine öffentliche Ehrung, was manchen empörte.

Schon die von der CDU gewünschte Ehrenbürgerschaft für Bundeskanzler Konrad Adenauer war 1951 nur als Paketlösung zusammen mit der Ehrenbürgerschaft für Hans Böckler, dem Vorsitzenden des DGB, möglich.

Das Denkmal für Bundeskanzler Konrad Adenauer (1876–1967) im Schatten des Chores von St. Aposteln hat dagegen die SPD leichter ertragen. Die Platzierung wirkt wie abgeschoben. So ist es auch. Die ursprünglichen Vorschläge der Stifter – vor dem Rathaus oder auf dem Neumarkt – waren politisch nicht durchsetzbar. Gegen die Stimmen der Grünen, die sich 2014 auch gegen die Büste von Harry Blum wenden, wurde es am 30. April 1994 vom Rat als Schenkung angenommen. Die Grundidee des Denkmals kommt von Hans Wimmer (1907–1992). Nach dessen Tod vollendet einer seiner Schüler, Gerd Weiland, die etwas überlebensgroße Bronzeskulptur. Zur Enthüllung am 1. Juli 1995 konnte Oberbürgermeister Norbert Burger (SPD) Bundeskanzler Helmut Kohl (CDU) begrüßen, allerdings nicht, wie von der CDU gewünscht, im Rathaus. Mit welcher Partei der Lkw-Fahrer sympathisiert, der im Oktober 2019 das Denkmal beschädigte, ist nicht überliefert.

Die übliche Anerkennungs- und Erinnerungsform für Kölner Oberbürgermeister ist oft die Ehrenbürgerschaft zu Lebzeiten und dann die Benennung von Straßen oder Plätzen auf Ratsbeschluss nach dem Tode. Für Konrad Adenauer gibt es eine Straße in Köln-Porz aus der Zeit vor der Eingemeindung der Stadt Porz 1975, eine in Köln-Marienburg und die nach ihm benannte Uferstraße nördlich der Hohenzollernbrücke.

▶ Adenauer-Denkmal am Chor von St. Aposteln

KONRAD ADENAUER

GROSSRÄUMIGER AUFTRITT

Das Gebäude des Oberlandesgerichts nimmt einen ganzen Straßenblock ein. Wie bei einer barocken Schlossanlage liegt die allerdings kümmerliche Grünanlage vor der weit gespannten Fassade im preußischem Behördenbarock des Architekten Paul Thoemer (1851–1918). Die prachtvolle Eingangshalle erschließt die Zugänge zu den vier Flügeln, die sich im Innenhof des Baublocks verbergen. Zum Zeitpunkt der Eröffnung im Jahre 1911 war es das größte und modernste Gerichtsgebäude des Deutschen Reiches.

Köln hat sich nach der Gründung der Bundesrepublik um den Sitz des Bundesgerichtshofes, heute in Karlsruhe, beworben, ist aber gescheitert, »weil der Ausschuß zur Mehrheit aus süddeutschen Mitgliedern bestand«. Da der Vorgänger, der Oberste Gerichtshof der Britischen Zone, zwischen 1948 und 1950 seinen Sitz in Köln und im Gebäude des Oberlandesgerichts am Reichensperger Platz getagt hatte, war man überzeugt, darauf einen Anspruch zu haben. Eine vergleichbare Institution hatte es zuvor in der amerikanischen oder französischen Zone nicht gegeben.

▶ Das Oberlandesgericht am Reichensbergerplatz

ALTE DUFTMARKE

Mit der Werkbund-Ausstellung 1914, die nach Ausbruch des Ersten Weltkrieges geschlossen werden musste, hatte Konrad Adenauer die Konkurrenz zu Düsseldorf aufgenommen. Dort hatte man seit dem 19. Jahrhundert immer wieder mit großen Ausstellungen zu Kunst, Industrie und Gewerbe gepunktet. Die Düsseldorfer Vorbereitungen zu einer großen Ausstellung für 1915 waren ebenfalls eingestellt worden. Das ließ Konrad Adenauer keine Ruhe. Köln hatte unter Oberbürgermeister Konrad Adenauer 1922 für die Finanzierung der Messebauten 600 Millionen Mark aufgenommen, die angesichts einer Inflation, die immer schneller Fahrt aufnahm, leicht zurückzuzahlen waren. Jahrzehntelang hat 4711 auf dem Messeturm wirksam neonleuchtende Firmenreklame gesetzt.

Die Messebauten erhielten 1927/28 ihre Gestalt nach den Plänen Adolf Abels, von 1925 bis 1930 Kölner Stadtbaudirektor. Im Stil der Zeit, expressionistisch noch in der Verwendung dunkelroten Backsteins, präzise gereiht und gegliedert im Sinne der neuen Monumentalität, erstrecken sich die Hallen. Der hohe Messeturm setzt dazu den optisch wirksamen vertikalen Akzent. Anlass des Umbaus und der zusätzlichen Errichtung des Staatenhauses war die Internationale Presse-Ausstellung, kurz Pressa, im Frühjahr 1928. Es gelang, mit diesem Thema fünf Millionen Besucher ins Messegelände zu bringen.

Seit dem Jahr 2010 trägt der Turm das Logo von RTL. Seit diesem Jahr sendet RTL zentral aus den umgebauten Messehallen am Deutzer Rheinufer und erwirtschaftete in diesem Jahr einen Umsatz von 1,9 Milliarden Euro. Das Unternehmen ist, als 2003 der Wegzug von der Aachener Straße geplant wird, der größte Gewerbesteuerzahler der Stadt. Kein Wunder also, dass sich viele in Köln bemühen, das Unternehmen gegen die Konkurrenz von Hürth in Köln zu halten. Jochen Witt, damals Hauptgeschäftsführer der KölnMesse, erkennt die Chance, den Sender zu halten, in der Überlassung der alten Rheinhallen, welche die KölnMesse mit der Umsetzung des Masterplans der Messe nicht mehr nutzen wird. Oberbürgermeister Fritz Schramma, Stadtsparkasse und Stadtwerke greifen das Thema auf. Nachdem ursprünglich der Umzug für 2008 vorgesehen war, kann RTL am 5. Juni 2010 erstmals aus Deutz senden. Damit sind neben den Gewerbesteuern 2.000 Arbeitsplätze für Köln gesichert, gut dokumentiert durch das RTL-Logo am Messeturm.

► Messeturm mit 4711

4711 4711
MESSETURM
RESTAURANT

NORDSTERN

EXPRESSIONISMUS AM RHEINUFER

»Bau dat Ding, Riphahn, aber machen ses schön«, so soll Konrad Adenauer als Oberbürgermeister den Bau der expressionistischen Architektur des Aussichtsrestaurants »Bastei« unterstützt haben. Um 1891 erbaut, diente die Kaponniere am Rheinufer in Höhe der Zufahrt des alten Sicherheitshafens zur Sicherung des Rheinufers gegen Angriffe. In der und auf der soliden Architektur konnten Geschütze aufgestellt werden. 1907 geht der Bau in städtischen Besitz über und wird als Aussichtsplattform genutzt.

Für den Gedanken, die Aussichtsplattform in ein Aussichtsrestaurant zu verwandeln, konnte Wilhelm Riphahn (1889–1963) Wilhelm Worringer, den Besitzer des Zoo-Restaurants gewinnen. Er gründet für die Finanzierung inmitten der Inflation eine »Kölner Gaststätten AG«. Wilhelm Riphahn überzeugt mit einem Modell in Originalgröße aus Holz, Pappe und Segeltuch selbst das Amt des Stadtkonservators. Im Oktober 1924, die Inflation ist vorbei, kann eröffnet werden. Der Name des Aussichtsrestaurants nimmt einen Begriff der Festungsarchitektur auf.

◀ ▲ Die »Bastei« am Rheinufer

KÖLNS SCHÖNSTER STÄDTISCHER VERWALTUNGSBAU

Leider nur bis 2005. Wie ein großes Kreuzfahrtschiff hat der Bau des Architekten Bruno Paul (1874–1968) hier an der Straßenecke angelegt. Die Stadt hatte das Gebäude des Hotel Disch in der Wirtschaftskrise 1928 aus der Insolvenz der Disch AG erworben. Den Wettbewerb für ein städtisches Verwaltungsgebäude, ausgeschrieben von der Disch AG, hatte Bruno Paul gemeinsam mit Franz Weber noch vor dem Verkauf gewonnen. Fensterbänder und Brüstungsbänder mit vorgehängten Kalksteinplatten bestimmen das Erscheinungsbild. Ein im Krieg zerstörtes weiteres Geschoss ist nicht wiederaufgebaut worden.

Der Name des Hauses, heute im Besitz des Bayerischen Versorgungswerkes, geht auf die Familie Disch zurück, die hier 1848 ein typisches »erstes Haus am Platze« eröffnete. In diesen glanzvollen Zeiten des aufblühenden Tourismus führte Carl Damian Disch (1821–1880) das Haus. Bis heute ist seine Sammlung von Antiken berühmt, die nach seinem Selbstmord aus »tiefer Melancholie« 1881 im Kunsthaus Lempertz versteigert wurde. Nach der Insolvenz der Disch AG folgte 1928 die Versteigerung des Hotelinventars mit Möbeln, Teppichen und Geweihen, die aus der Trophäensammlung von Kurfürst Jan Wellem auf Schloss Bensberg kamen.

▶ Das »Dischhaus« an der Ecke Herzogstraße/Brückenstraße

ALTE GRAPHIK
DR.BA
NATURKOSMETIK · PARFÜMERIE · KERZEN

ODELSHOP
de für Sie und Ihn
PERÜCKEN Studio
Exclusiv

Gitta's Galerie Café

»AM TODTEN JUDEN«

Eine Gedenktafel am Haupteingang der Markthalle, die nach den Plänen von Theodor Teichen und Ulrich Finsterwalder 1937–1940 erbaut wurde erinnert daran. Hier lag am Rande des städtischen Gebietes, heute noch markiert durch den »Bischofsweg«, der mittelalterliche Friedhof der Kölner Judengemeinde, gegen eine jährlich an das Stift St. Severin zu entrichtende Pacht angemietet. Ein jüdisches Begräbnis ist auf ewig bis zur Ankunft des Messias angelegt. Im Judenprivileg Erzbischof Engelbert II. von 1266, auf einer Steintafel neben dem Eingang zur Sakramentskapelle des Domes zu lesen, wird den Juden das Recht zugesichert, ihre Toten dort zu begraben. Und es wird verboten, auf dem Friedhof oder daneben Todesurteile an Juden oder Christen zu vollziehen und diesen damit absichtlich zu entweihen. Der Friedhof teilte das Schicksal der jüdischen Gemeinde. Nach der Vertreibung der Jüdischen Gemeinde aus Köln 1424 werden Grabsteine des Friedhofs immer wieder als Baumaterial eingesetzt und bei Grabungen entdeckt. Genutzt wird er von den Juden im Erzbistum bis ins 17. Jahrhundert. Dann erst erhält die Deutzer Gemeinde einen Friedhof auf dem rechten Rheinufer.

Bei Arbeiten für den Güterbahnhof Bonntor wurden 1922 Gräber und Gebeine entdeckt, die als Spuren des jüdischen Friedhofs identifiziert wurden. Sie wurden auf dem nicht von der Bahn beanspruchten ehemaligen Friedhofsgelände wiederbestattet. Die Fragmente von Grabsteinen wurden in die Wände einer kleinen Trauerhalle eingemauert. 1928 werden die Pläne für den Bau einer neuen Großmarkthalle bekannt. Die Großmarkthalle »Am Sassenhof«, dort steht heute das Hotel Maritim, 1902 eröffnet, reichte nicht mehr aus und die Anbindung an Bahn und Verkehr nahe der Bonner Straße war attraktiv. Unter nationalsozialistischer Herrschaft droht, nachdem lange Proteste erfolgreich den Plan verhindert hatten, Enteignung. Nun werden alle Gebeine exhumiert und die Fragmente der Grabsteine in eine »Steinhalle« auf dem jüdischen Friedhof in Bocklemünd übertragen.

Die 132 Meter lange und 57 Meter breite Halle wird von parabelförmigen Bindern in Eisenbeton überspannt und seitlich über die angefügten Sheddächer mit Licht versehen. Seit Jahren laufen nun die Diskussionen um einen neuen Standort für den Großmarkt, um mit der »Parkstadt Süd« den Grüngürtel bis zum Rhein verlängern zu können.

◀ Die Markthalle in Köln-Raderberg

UNVERGANGENE VERGANGENHEIT: DAS »EL-DE-HAUS«

So war es nicht geplant. Goldwarengroßhändler Leopold Dahmen hatte an der Ecke Appellhofplatz/Elisenstraße auf dem Grundstück Appellhofplatz 23–25 ein Wohn- und Geschäftshaus in Auftrag gegeben. Für die neoklassizistische Architektur mit dem Signet EL-DE unter dem Helm des Hermes, des Gottes des Handels, für die Initialen des Bauherrn an der betonten Ecke des Hauses begeisterte sich der nationalsozialistische »Westdeutsche Beobachter« bereits 1934. Der Rohbau wird im Sommer 1935 von der Gestapo übernommen. Alle schon abgeschlossenen Mietverträge müssen aufgelöst werden. Der Bau wird für die Zwecke der Gestapo verändert. Im Keller werden die bekannten Zellen eingerichtet. Zu diesem Zeitpunkt umfasst der Sitz der Gestapo nur die sechs Fensterachsen rechts und ein Attikageschoss unter einem Walmdach. Erst nach dem Zweiten Weltkrieg wird das Gebäude nach links um das Grundstück Appellhofplatz 2, zuvor Wohnhaus von Leopold Dahmen, und auch in der Elisenstraße unter Beibehaltung der Gestaltung der Fassade erweitert und ein weiteres Geschoss aufgesetzt.

Anfang 1979, die vierteilige Serie »Holocaust: Geschichte der Familie Weiss« läuft im 1. Programm der ARD und erschüttert die Gemüter in Deutschland, da stellt sich Sammy Maedge mit Mahnschildern auf den Wallraf-Platz. Wieder einmal erinnert er an die Jahre nationalsozialistischer Herrschaft in Köln und weist auf die Gestapozellen im Keller des EL-DE-Hauses hin. Das Haus wird seit Kriegsende für städtische Dienststellen angemietet, die die Zellen als Aktenkeller nutzen. Wenig später, in der Nacht vom 6. auf den 7. März 1979 verschaffen sich Kurt Holl und der Fotograf Gernot Huber Zutritt zu den Kellerräumen des EL-DE-Hauses und damit zu den ehemaligen Zellen der Kölner Gestapo und fotografieren das Graffiti an den Wänden der Zellen. Die Bilder sind mehr als wirksam. Stadtkonservatorin Hiltrud Kier veranlasst einen Stopp der gerade begonnenen »Renovierungsarbeiten«. Und am 13. Dezember 1979 beschließt der Rat die Herrichtung der Kellerräume als Informationsstätte und die Einrichtung eines »Dokumentationszentrums über die Zeit des Nationalsozialismus in Köln«. Hans-Dieter Tintner (SPD) formuliert im Antrag das neue Verständnis der städtischen Vergangenheit: »Uns steht hierzu zunächst ein grausames Relikt dieser Herrschaft zur Verfügung: die Kellerräume der Kölner Gestapo-Zentrale im sogenannten EL-DE-Haus, in denen viele Opfer der Willkür verhört, gefoltert und – worauf ebenfalls Hinweise deuten – ermordet worden sind.« Insgesamt sind über 1.200 Inschriften dokumentiert worden.

Im Oktober des nächsten Jahres 1980 beginnt Horst Matzerath den Aufbau einer Institution, an deren Spitze er bis 2002 stehen sollte und die heute unter seinem Nachfolger Werner Jung zu den bedeutendsten ihrer Art in der Bundesrepublik zählt. Heute lässt sich die Vielfalt der Aufgaben, die sich auf Horst Matzeraths und anderen Schreibtischen im Historischen Archiv entwickelten, gut beschreiben. Der Zellentrakt im Keller des EL-DE-Hauses sollte zum Kern einer Gedenkstätte werden. Die Dokumente zur Geschichte des Nationalsozialismus in Köln mussten angesichts der gezielten Aktenvernichtung am Ende des Krieges aus Gegenüberlieferungen in anderen Archiven und Privatbesitz rekonstruiert werden. Die Geschichte der Zeit wird weiter erforscht und einem ständig wachsenden Publikum heute unter Leitung von Werner Jung sehr erfolgreich vermittelt.

Im Innenhof des EL-DE-Hauses, ist 2013 der Hinrichtungsort der Gestapo, an dem über 400 Menschen ermordet wurden, als Gedenkstätte, entworfen von Thomas Locher, eingerichtet worden.

◀ Zelle im Keller des EL-DE-Hauses

▶ Das EL-DE Haus Appellhofplatz 23–25

BUCHHANDLUNG
GONSKI

יחיה

צדיק ב

»GESEGNET SEI DER WAHRHAFTIGE RICHTER, DER STERBEN LÄSST UND WIEDERBELEBT«

Das sieht so friedlich aus. So war es auch bei der Einweihung 1930 der Trauerhalle gedacht. Die Inschrift über dem Haupteingang formuliert den zitierten Wunsch. Gestaltet wurden Bau und Plan des jüdischen Friedhofs von Architekt Robert Stern (1885–1964), der 1936 nach London emigriert und 1938 in die USA einreisen kann. Seine Frau stirbt bereits 1951. Seine Tochter Meta, die nach Amsterdam emigriert war, wird im Konzentrationslager Natzweiler-Struthof ermordet.

Der jüdische Friedhof Bocklemünd ist einer von sechs jüdischen Friedhöfen in Köln und der einzige, der noch belegt wird. Mit den Planungen für den benachbarten kommunalen Westfriedhof konnte die Synagogengemeinde 1917 dort auch Gelände für den längst gewünschten neuen jüdischen Friedhof erwerben. Ende 1918 kann er nach Einfriedung und Bau einer provisorischen Trauerhalle eingeweiht werden.

Auf dem Friedhof waren im November 1938 nach dem Pogrom gerettete Geräte und Tora-Rollen aus Kölner Synagogen verborgen worden. 1978 wurde das längst geplünderte Versteck geöffnet. Jetzt erinnert nur der Sockel an die zerstörten Kölner Synagogen und die hier kurz nach der Bergung wieder beerdigten Reste. Mit einem steinernen Sockel und einer schweren Bronzeskulptur, einer zerstörten Thora-Rolle und einem Mauerfragment, darüber ein siebenarmiger Leuchter und sechs Davidsternen des Kölner Künstlers Franz Lipensky wurde daran erinnert. Mit hohem kriminellen Aufwand, mit Aufbrechen von Türschlössern, Maschineneinsatz und einem Lastwagen haben Metalldiebe (?) die etwa 750 Kilogramm schwere Skulptur im November 2010 vom jüdischen Friedhof gestohlen.

◀ Der jüdische Friedhof in Köln-Bocklemünd

Weshalb Tränen? Verschiedene Gründe sind möglich. Das kann der Blick auf den historischen Hintergrund sein. Es kann aber auch die Kritik an der Unterschutzstellung selbst sein. Zum 1. Januar 1977 war der Bunker Helenenwallstraße 21–29 auf die Kölner Denkmälerliste gesetzt, die der Rat auf Antrag von Stadtkonservatorin Hiltrud Kier beschlossen hatte. Dort steht in Deutz am Rand der Auffahrt auf die Severinsbrücke ein ähnlicher Kirchenbunker, heute per Wandmalerei als Architektur in Szene gesetzt. Empörend fand der WDR im Forum West am 14. November 1977, dass der Kölner Dom als Denkmal nun auf der gleichen Liste stand wie ein Bunker des Zweiten Weltkriegs. Hier ist 1941 der Architekt Hans Schumacher (1891–1982) tätig gewesen. Seine bekanntesten Bauten sind nach dem Zweiten Weltkrieg 1957 das Priesterseminar mit seiner Kirche und der Sitz des Kölner Erzbischofs gegenüber der Industrie- und Handelskammer.

Die größte Bauleistung der nationalsozialistischen Architektur nicht nur in Köln sind die Bunkerbauten. Luftschutz ist lange vor Kriegsbeginn ein Thema zu dem publiziert wird, dem sich Ausstellungen widmen, für das Bauvorschriften erlassen werden. Der Bau von Luftschutzbunkern, Luftschutzräumen in den Kellern der Wohnhäuser, Tiefbunkern, von denen nur Lüftungsschächte erzählen, treten nicht so im Stadtbild auf, wie die zwei Dutzend erhaltenen Hochbunker. Im Januar 1944 inmitten des vom Bombenkrieg bereits geschundenen Kölns, waren 33 Bunker fertig, zwei im Bau und 33 weitere geplant.

Nach der Besetzung mussten die Bunker »entfestigt« werden. Sprengen war kaum möglich. Oft wurden mühsam Fenster und Türen eingeschnitten. 1952 leben noch fast 2.000 Menschen in Bunkern, 700 davon Kinder. In diesem Bunker nahe der Markthalle in Raderberg waren damals 86 Familien mit 163 Kindern untergebracht, meist in Zellen von 2 × 3 Metern Größe. Sechs Toiletten und sechs Waschbecken und eine gemeinsame Küche mit zwei Kohleherden standen zur Verfügung. Heute wird er von einem Schützenverein genutzt. Erst im Oktober 1956 wurde der letzte Kölner Bunker für Wohnzwecke geschlossen. In den 1970er Jahren werden die Bunker zum Streitthema. In den 1980er Jahren setzt ein Bemalungsprogramm ein, das von arbeitslosen Jugendlichen umgesetzt wird. Aus dieser Zeit wird der Wasserfall stammen. Die Aufnahme ist heute so nicht mehr möglich. Ein Neubau an der Marktstraße hat ihn von der Straße abgeschnitten und in den Hinterhof gedrängt.

▶ Bunker Marktstraße 6c in Köln-Raderberg

P ALAC
13
14
15
16

17
18
19
20

EINE FÜR ALLES

Bereits 1946 hat der Rat der Stadt Köln die Skulptur der »Trauernden« als Kölner Totenmal bei Gerhard Marcks mit der Inschrift »Den Toten« in Auftrag gegeben. An Allerseelen 1949 wurde das Denkmal für alle Toten des Zweiten Weltkriegs hier aufgestellt. So konnte der Opfer der nationalsozialistischen Diktatur zusammen mit den Opfern an der Front und des Bombenkrieges gedacht werden. Eine Betrachtungsweise, die es den Zeitgenossen einfach machte, überlebt zu haben, aber jede Differenzierung, jede Rückfrage nach Verantwortungen verweigert. Die Bossen am Sockel können Kränze tragen.

▶ »Den Toten« von Gerhard Marcks am Chor von St. Maria im Kapitol

»DER SCHWEBENDE«

Ein im Zweiten Weltkrieg entstandener Zweitguss des Ehrenmals für die Toten des Ersten Weltkrieges im Dom zu Güstrow wird am 18. Mai 1952 in der Antoniterkirche installiert. »Der Schwebende« von Ernst Barlach mit den Gesichtszügen von Käthe Kollwitz ist eine der bedeutendsten Skulpturen des 20. Jahrhunderts, eine Klage schwebend über den Schlachtfeldern. Die Daten beider Weltkriege auf einer Steinplatte darunter beanspruchen die Skulptur nun auch für den Zweiten Weltkrieg. Eine Bronzeskulptur mit Davidstern von Dieter Boers bringt seit 1995 dazu die Erinnerung an den Holocaust in den Dialog mit dem Betrachter ein.

▶ »Der Schwebende« von Ernst Barlach in der Antoniterkirche

1914 - 1918
1939 - 1945

DENKMAL FÜR EINEN FRAGWÜRDIGEN KOMPROMISS IM HANSAPARK

»Die Zustimmung, die der Nationalsozialismus in Köln fand, war äußerst gering.« So formulierte die über viele Auflagen populäre »Illustrierte Geschichte der Stadt Köln« Arnold Stelzmanns in erster Auflage 1958 das Kölner Wunschdenken als historische Darstellung. Gerne geglaubt, feiert auch der Rat den Mythos in seiner Sitzung am 17. März 1983 anlässlich des 50. Jahrestages der »Machtergreifung in Köln«: »Köln wurde in der Folge zu einem Zentrum des Widerstandes gegen den totalitären Staat.« Die erste Gedenktafel, errichtet am 3. Juni 1945 im Hansapark über sieben Toten aus dem Klingelpütz hatte man gerne wieder vergessen: »Hier ruhen sieben Opfer der Gestapo / Deutschlands schändlichste Zeit 1933–1945«. Neue Diskussionen über ein »Ehren- und Mahnmal für die Opfer des Nationalsozialismus«, die sich im Frühjahr 1957 im Rat entwickeln, lassen die beiden Positionen deutlich werden. Sally Kessler, bald Mitglied im Vorstand der Synagogengemeinde, mit einer kurzen Unterbrechung von 1954 bis 1975 Mitglied des Rates für die SPD, fordert: »Wir denken an die Errichtung eines Mals, das in symbolischer Form und künstlerischer Gestaltungsweise den Sinngehalt des Ringens jener Menschen in gültiger und echter Aussage darstellt: das Ringen, Kämpfen und Sterben für den Frieden, für die Unverletzlichkeit des Glaubens und der religiösen Überzeugung und für die Würde des Menschen.« Die Gegenposition vertritt Heinrich Lohmer, von 1956 bis 1994 für die CDU Mitglied des Rates: »Es entspricht einer Tradition, daß wir, wenn wir diese Frage berühren, auch derer zu gedenken, die durch den unseligen Krieg ihr Leben gelassen haben, der ja auch dem nationalsozialistischem Gewaltregime entsprungen ist.« Als »kleine Lösung« wird dann Ende des Jahres 1957 die Aufstellung des Zweitgusses der Skulptur »Bomslachtoffer« von Mari Andriessen, die Mitglieder des Rates in den Niederlanden besichtigt hatten, neben der Gedenkplatte im Hansapark beschlossen. Eine große Lösung für eine Gedenkstätte für die Opfer des Nationalsozialismus hatte in früheren Besprechungen – wohl im Kulturausschuss – zwar keinen Widerspruch gefunden: »Die Ausführung eines so weitgreifenden Planes liegt aber noch in der Ferne.«

▶ »Bombslachtoffer« im Hansapark

»DIE DOMPLOMBE«

Sie ist weg! Und damit auch ziemlich vergessen, nur die helle Färbung des neuen Steinmaterials ruft noch die Spuren der »Domplombe« in Erinnerung. Die Aufnahme zeigt einen Zwischenzustand. Der Ansatz des Ziegelmauerwerks reichte ursprünglich bis unter das Gesims. Die »Domplombe« füllte das etwa 10 Meter hohe und 82,3 Quadratmeter umfassende Loch, das ein Bombenangriff auf den Hauptbahnhof am 3. November 1943 gerissen hatte. Es hätte zum Einsturz des Turmes führen können. Dombaumeister Hans Güldenpfennig und der Stadtkonservator Hans Vogts, der Gaubeauftragte für das Bauwesen, beschlossen die Ausmauerung mit Backsteinen. Zwei Tage später wurde offiziell von der Baufirma Wildermann damit begonnen, mit schließlich 27.500 Ziegelsteinen bis ins Frühjahr 1944 die Lücke zu füllen, die Statik zu sichern.

Dr. Paul Börger, der Kommandeur der Pioniere, die am Tag nach dem Angriff die Trümmer beseitigten, ließ sich nach dem Krieg als »Retter des Domes« feiern. Als evangelischer Pfarrer und Hoher Funktionär im Nationalsozialistischen Lehrerbund gelang es ihm, sich mit einem »Persilschein« von Dombaumeister Willy Weyres aus dem Jahre 1947, der erst 1944 die Nachfolge von Hans Güldenpfennig angetreten hatte, als Held darzustellen: »Seine hilfsbereite Handlungsweise allein hat die dringlich erforderlichen Notmaßnahmen ermöglicht.« Er ließ sich gerne dafür feiern.

Immer wieder wurden die Überlegungen, die ursprüngliche Gestalt der Fassade wiederherzustellen oder die »Domplombe« als Denkmal zu bewahren, öffentlich diskutiert. Die Dombaukommission entschied sich für die Wiederherstellung. 2004/05 wurde die äußere Schicht Ziegelsteine abgetragen und die Fassade mit 823 Steinen aus Oberkirchener Sandstein wiederhergestellt. Wer die »Domplombe« als Denkmal vermisst, könnte sich damit trösten, dass sicher mindestens ein halbes Jahrhundert vergehen wird, bis die Luftverschmutzung die neue Oberfläche an den allgemein zu sehenden Grauton angeglichen hat.

▶ Die »Domplombe« (noch sichtbar, vor 2004)

SPRACHLOS IN ALT ST. ALBAN

Sprachlos angesichts dieser vorzugsweise unterschiedslos erinnerten Opfer und ohne Inschrift sind in der Ruine der spätgotischen Kirche St. Alban zwischen Wallraf-Richartz-Museum und Gürzenich die leicht vergrößerten Kopien der »Trauernden Eltern« von Käthe Kollwitz aufgestellt. Erstmals bereits 1955 und endgültig dann zur feierlichen Einweihung als Gedächtnisstätte der Bundesrepublik für die Toten des Zweiten Weltkrieges am 21. Mai 1959. Bundespräsident Theodor Heuss hatte die Erlaubnis der Familie erbeten, Kopien des Skulpturenpaares schaffen zu lassen, die Käthe Kollwitz 1932 auf dem Soldatenfriedhof in Flandern, auf dem ihr Sohn sein Grab im Ersten Weltkrieg gefunden hatte, und diese hier aufstellen zu lassen. Sie entstanden im Atelier von Ewald Mataré durch dessen damalige Schüler Joseph Beuys (der Vater) und Erwin Heerich (die Mutter). Begleitet werden die Skulpturen durch das ursprünglich am Dom aufgestellte Bundes-Ehrenmal für die Kriegsgefangenen mit der Inschrift: »Noch warten Kriegsgefangene auf ihre Heimkehr« von Kurt-Wolf von Borries.

◀ Gedenkstätte in der Ruine von St. Alban

»VON HIER AUS«

Am 9. März 1990 wurde die Gedenktafel am Aufgang Auenweg des Deutzer Bahnhofs eingeweiht: »AN DIESER STELLE WAR DER AUFGANG ZUM BAHNHOF DEUTZ TIEF, VON HIER AUS WURDEN 1940/41 MEHR ALS 1500 SINTI UND ROMA UND SEIT 1941 ÜBER 11000 JUDEN IN KONZENTRATIONSLAGER DEPORTIERT. ZUDEM WURDEN DIE HÄFTLINGE DES MESSELAGERS DEUTZ HIER AN- UND ABTRANSPORTIERT: ÜBER DIESE TREPPE GINGEN VIELE MENSCHEN IN DEN TOD«

▶ Gedenktafel am Aufgang Auenweg des Deutzer Bahnhofs

AN
DIESER STELLE
WAR DER AUFGANG
BAHNHOF DEUTZ-TIEF. VON
WURDEN 1940/41 MEHR ALS
UND ROMA UND SEIT 1941 ÜBER
IN KONZENTRATIONSLAGER
ZUDEM WURDEN DIE HÄFTLINGE DES
DEUTZ HIER AN-UND
ÜBER DIESE TREPPE GINGEN VIELE
IN DEN

DB
Köln - Deutz

MAI 1940
10

ROMA UND SINTI

AUF DER SPUR – »EIN STRICH DURCHS VERGESSEN«

Für den Kölner Künstler Gunter Demnig hat sich das Sichtbarmachen der Verfolgung im Nationalsozialismus und das Erinnern an die Opfer zur Lebensaufgabe entwickelt. Man gerät nur geistig ins Stolpern, aber das durchaus heftig, wenn man den Stolpersteinen von Gunter Demnig begegnet. Die Wirkung zeigt sich, wie ich beim Nachfragen meiner jungen Enkelinnen erlebt habe, schon früh im Alltag. Das Verlegen seiner Stolpersteine hat sich langsam aus anderen Projekten Gunter Demnigs entwickelt und ist auf lange Zeit und dauerhaft angelegt. 1990 druckt er in Absprache mit dem Kölner Rom e. V. zum 50. Jahrestag der Deportation der Kölner Roma und Sinti im Mai 1940 mit weißer Farbe eine Textspur »– MAI 1940 – 1000 ROMA UND SINTI –« entlang des Weges der Deportierten zum Bahnhof in Deutz. Als die Farbe verblasst, wird der Schriftzug in Messing an 22 Stellen im Stadtbild verlegt und so auf Beschluss des Rates konserviert.

◀ Die Spur vor dem Eingang des Zeughauses, Zeughausstraße 1-3

STOLPERSTEINE

Aus den Gesprächen mit Anwohnern an der Textspur zum Leidensweg der Sinti und Roma entwickelt Gunter Demnig das Projekt Stolpersteine. Mit im Boden vor den Wohnorten verlegten 10 × 10 Zentimeter Messingplatten, mit Betonstein darunter, wird mit der Erinnerung »Hier wohnte …« mit Namensnennung und persönlichen Daten an deportierte Sinti und Roma, Juden und andere NS-Opfer erinnert. Jeder Buchstabe, jede Zahl wird von Gunter Demnig mit Stempeln zuvor eingeschlagen. Europaweit ist er seit 1993 mit seinem Projekt aktiv.

Im Jahr 2006 wird er dafür mit Kölns alternativer Ehrenbürgerschaft ausgezeichnet. Inzwischen liegen in Köln über 2.000 Stolpersteine. Dass das Kölner Finanzamt sein international beachtetes, mehrfach mit Preisen ausgezeichnetes Projekt statt mit 7 Prozent für Kunst mit 19 Prozent als gewerblich besteuern möchte, schlägt im Jahre 2011 Wellen. Eine hohe Nachzahlung wird gefordert, bis Finanzminister Norbert Walter-Borjans regelt, dass dies Kunst ist. Ein Denkmal für jedes Opfer einzeln. Inzwischen hat Gunter Demnig Ende 2019 in Memmingen den 75.000sten Stolperstein verlegt.

▶ Stolpersteine Bonner Straße 33

CARL DIEM

Carl Diem (1882–1962), bis zu seinem Tode Rektor der Sporthochschule, war trotz seiner Weigerung, Mitglied der NSDAP zu werden, wichtiger Sportfunktionär in der nationalsozialistischen Diktatur gewesen. Das hat seit der Gründungsphase der Sporthochschule bis in die Gegenwart immer wieder zu heftigen, geradezu exemplarischen Auseinandersetzungen um die Bewertung der Rolle seiner Person in dieser Zeit geführt. Den Prozess gegen die Entscheidung der Bezirksvertretung den »Carl-Diem-Weg«, umzubenennen, hat die Sporthochschule 2008 verloren. So lautet die Adresse der Sporthochschule heute »Am Sportpark Müngersdorf«.

Die Gedenktafel von Hans-Karl Burgeff, 1965 in Bronze gegossen, hängt im Atrium der Sporthochschule: »24. 6. 1882 – Carl Diem – 17. 12. 1962«. Ein zweites Exemplar hängt am Olympiastadion in Berlin.

Auf dem Umweg über Johannes Sampels, engagierter Sportfunktionär und Leiter des Kölner Sportamtes, scheint der Gedanke Carl Diems, eine Sporthochschule zu errichten, Köln erreicht zu haben. Den Antrag stellt Peter Josef Schaeven (CDU), der auch von Helmut Braubach (SPD) unterstützt wird, in der Sitzung des Rates am 19. August 1946. Der Gedanke einer eigenständigen Sporthochschule in Köln kam der Universität, die ein Sportinstitut ablehnte, entgegen. Schließlich stimmte auch der Zonen-Erziehungsrat dem Gedanken zu und Kultusminister Heinrich Konen konnte seinen Widerstand nicht weiter aufrechterhalten. Am 3. Juli 1947 erfolgte die Zustimmung, am 7. Juli 1947 wurde offiziell mit der Arbeit begonnen. Zu Beginn verließ sich die Stadt auf einen Landeszuschuss für die Sporthochschule, ab 1954 wurde eine Vereinbarung mit dem Land Nordrhein-Westfalen wirksam, nach der die Stadt Köln die Hälfte der Kosten der Institution trug. Das war eine zukunftswirksame Investition. Ab 1962 werden die gesamten Kosten vom Land übernommen, seit 1965 gilt für die »Deutsche Sporthochschule Köln« eine Rektoratsverfassung, seit 1970 ist sie als Universität mit Promotions- und Habilitationsrecht anerkannt. Und von weniger als 200 Studenten 1946/47 sind die Zahlen auf heute mehr als 5.000 gestiegen. So überrascht es nicht, dass sich, thematisch angebunden, seit 1974 die Trainerakademie und seit 2003 auch die Führungsakademie des Deutschen Olympischen Sportbunds in Köln befinden.

► Gedenktafel für Carl Diem in der Sporthochschule

4.6.
882
CARL DIEM
17.12.
1962

TOD – UNTER SCHUTZ GESTELLT

Das passt: Am 1. April 2019 ging die Nachricht durch die Medien, dass Harald Naegeli wieder vor Gericht steht: Die NRW-Akademie der Wissenschaften und der Künste in Düsseldorf hatte ihn wegen zwei Graffiti an ihrem denkmalgeschützten Sitz angezeigt. Ergebnis: Zu den Kosten für die Entfernung kommt eine Geldstrafe von 500 Euro hinzu. Inzwischen ist Harald Naegeli aus Düsseldorf, wo er lange gelebt hat, in seine Heimat, in die Schweiz, zurückgekehrt. Auch dort, wo er bereits für seine Arbeiten ins Gefängnis kam, andere inzwischen geschützt werden, enden die Schwierigkeiten nicht.

Hier, am vermauerten Westportal von St. Caecilien, heute Sitz des Museums Schnütgen, steht er inzwischen unter Schutz. 1989 hat Harald Naegeli seine Arbeit aus dem Jahr 1980 zum 150jährigen Jubiläum des Kölnischen Kunstvereins sogar erneuert.

Einst waren es in Köln gut 600 Gestalten, die an Kölner Mauern, Pfeilern und Wänden ihren Totentanz feierten: »Es ist wirklich eine autonome Kunst. Ich bestimme: Hierhin kommt etwas, da muss es sein, das will ich, das interessiert mich.« Manche sind verblasst, viele sind entfernt worden.

Oft ist es demonstrative Sachbeschädigung, die von der 1998 auf breiter Basis gegründeten KASA (Kölner Anti Spray Aktion) möglichst rasch wieder entfernt wird. Das 2005 erlassene Graffiti-Gesetz stellt inzwischen (besser definiert) die Veränderung des Erscheinungsbildes unter Strafe. Brillant wirkt es im Kölner Stadtbild, wenn große Flächen ganz offiziell als Street Art verwandelt werden. Im Rahmen des City Leaks Festivals geschieht das seit 2011 alle zwei Jahre.

► Graffiti von Harald Naegeli an St. Caecilien

Im Oktober 2019 hat der letzte Franziskaner, Bruder Markus Fuhrmann, Köln verlassen. Die Geschichte der Franziskaner in Köln für fast acht Jahrhunderte begann noch zu Lebzeiten des heiligen Franziskus (1181/82–1226). Von ihrem Erfolg ist uns die gotisch strenge Minoritenkirche mit dem Grab des seligen Franziskanergelehrten Johannes Duns Scotus (1266–1308) geblieben. Bruder Markus Fuhrmann war Mitglied des Teams des Gubbio, der katholischen Wohnungslosenseelsorge im Stadtdekanat Köln, mit dem Standort in der ehemaligen Franziskanerkirche St. Marien an der Ulrichgasse, dem südlichen Ende der Nord-Süd-Fahrt kurz vor dem Sachsenring. Im Team hat ihn Weihbischof Ansgar Puff ersetzt.

Gubbio erinnert an eine Tierlegende des heiligen Franziskus. In Gubbio terrorisierte ein Wolf die Einwohner, die vergeblich Jagd auf ihn machten. Franziskus aber zähmte den Wolf und Gubbio schloss Freundschaft mit ihm.

Die Planung für das im Vordergrund sichtbare südliche Ende der Nord-Süd-Fahrt, für die Ulrichgasse, bestimmt die Gestaltung des Grundrisses. Die Ulrichgasse soll für die Nord-Süd-Fahrt um 12 Meter verbreitert werden. Als diese Pläne für die »autogerechte« Straße quer durchs Stadtzentrum 1951 bekannt werden, fällt Ihnen damit der Westen der neugotischen Kirche zum Opfer. Der Vorgängerbau war nach den Plänen von Karl Schellen 1893–1900 errichtet worden.

Emil Steffann (1899–1968), als Bildhauer ausgebildet, war nach einem Besuch in Assisi konvertiert und entschied sich für eine Tätigkeit als Architekt. Seit 1931 steht er in Kontakt mit Rudolf Schwarz. Mit ihm zusammen arbeitete er 1941–1943 an den Wiederaufbauplanungen für das annektierte Lothringen. Von 1947–1949 leitet er das Siedlungswerk des Erzbistums Köln. Seit 1950 ist er als freier Architekt tätig.

Für St. Marien entwirft er einen winkelförmigen Bau, in dessen Mitte er den Altarraum platziert. Er erhält sein Licht von Westen durch das große Rundfenster. Vom im Krieg zerstörten neugotischen Bau sind bewusst Backsteine und Hausteine ebenso aus Kostengründen wie als gestalterische Elemente übernommen worden. Emil Steffann formulierte als Ziel, Heilloses im Bau der Kirche wieder heil zumachen.

▶ Die ehemalige Franziskanerkirche an der Ulrichgasse

St. Aposteln am Neumarkt ist einer der Höhepunkte des Dutzends romanischer Kirchen Kölns, die zu Recht gefeiert werden. 1985 feierte Köln mit der Generation der in und nach dem Krieg aufgewachsenen Geistlichen und Kunsthistoriker an der Spitze vierzig Jahre nach Kriegsende die (fast) vollendete Wiederherstellung des kostbaren Kranzes der Bauten. Alle waren geprägt von den Mühen und manchen enttäuschten Hoffnungen der vergangenen Jahrzehnte. Ein Förderverein engagiert sich seitdem für ihre Erforschung, für Restaurierungen und für die Ausstattung der Bauten. Die Details der Ausstattung sind immer wieder umstritten. Hier setzt seit den 80er Jahren des 20. Jahrhunderts die Gegenwart ihre Zeichen.

Mit reichem Mosaikschmuck, entworfen von Friedrich Stommel, hatte unter Pfarrer August Savels (1888–1915) das 19. Jahrhundert St. Aposteln ins 20. Jahrhundert entlassen. Davon ist heute nur noch ein kleiner Rest auf der Nordwand des Westquerhauses zu entdecken.

Nach dem Wiederaufbau erschien der Raum nüchtern und nackt im Reichtum seiner zusammenklingenden Volumen der drei Konchen des Kleeblattchores, der hier seine jüngste Kölner Fassung nach St. Maria im Kapitol und Groß St. Martin gefunden hat. Ein erster Versuch unter Pfarrer (bis 1977) und Liturgiewissenschaftler Theodor Schnitzler (1910-1982) rückte 1975 einen kleinen Altar in den Mittelpunkt der Vierung. Darüber schwebt, gestaltet von Sepp Hürten, eine Taube im Zentrum des als Leuchterkrone herabschwebenden Himmlischen Jerusalem. Sie trägt das Ziborium mit geweihten Hostien, präsentiert also die Gegenwart Christi.

Von Pfarrer Karl Peusquens (1925–1994) und Wilhelm Nyssen (1925–1994), Pfarrer der katholischen Studentengemeinde an der Universität, wird dann ein neues Konzept der Ausmalung der Gewölbe entwickelt. Von 1988 bis 1993 hat Hermann Gottfried auf den drei Gewölben der Konchen und dem Vierungsgewölbe Themen der Kirche in der Offenbarung des Johannes ausgebreitet. Das hat heftige Diskussionen darüber ausgelöst, ob die großen Farbflächen den Eindruck des romanischen Klangs der Gewölbe stören.

▶ Der Chor von St. Aposteln

EIN FEURIGES GEWÖLBE FÜR 1985

Vier Jahrzehnte nach Kriegsende konnte 1985 mit der Vollendung des Dekagons von St. Gereon das Dutzend der großen romanischen Kirchen Kölns im »Jahr der Romanischen Kirchen« gefeiert werden. Die neue Gestaltung der Gewölbe zwischen den kräftig profilierten Rippen, die im hängenden Schlussstein in Form eines Granatapfels zusammenlaufen, folgt den Vorstellungen, die Wilhelm Nyssen (1925–1994), Pfarrer der katholischen Studentengemeinde, entworfen hat. Grundthema ist das Martyrium, Zeugnis des Gläubigen seines Glaubens. Umringt von den Fenstern Georg Meistermanns mit Kölner Heiligen strahlt das Gewölbe, das »im Rot der Zeugenschaft die Flammengarben des Pfingstgeistes aufleuchten lässt, der jedes Martyrium in der Kirche bewirkt«.

► St. Gereon, das Gewölbe des Dekagons

AUFERSTANDEN ALS BÜROGEBÄUDE

Die Pfarrkirche Christi Auferstehung der altkatholischen Gemeinde an der Kreuzung Moltkestraße und Jülicher Straße bietet seit 1991/1993 einen überraschenden Anblick. František Sedláček (1943–2008), Architekt und Professor an der Kölner Fachhochschule, der heutigen Technischen Hochschule, stand bei seiner Planung für diesen Bau die Forderung der Kölner Denkmalpflege gegenüber, der Neubau auf dem Grundstück der kriegszerstörten altkatholischen Pfarrkirche müsse an die Silhouette des untergegangenen Baus erinnern. Er hat eine witzige Antwort gefunden. Die verspiegelte Fassade kontrastiert mit den auf Abstand gesetzten Linien rot angestrichenen Stahls, die Schiff, Querhaus und Chortürme des zerstörten Baus nachzeichnen.

Kölns altkatholische Gemeinde entstand 1872 aus dem Protest gegen die Beschlüsse des ersten Vatikanischen Konzils von 1870, die dem Papst die absolute Rechtshoheit und die Unfehlbarkeit in theologischen Aussagen zusprach. Da sich der Erzbischof von Utrecht bereits 1723 vom Papst getrennt hat, befinden sich auch die deutschen Altkatholiken mit der Utrechter Union, der sich auch altkatholische Landeskirchen anderer Länder angeschlossen haben, in der apostolischen Sukzession, in der die Bischofsweihe seit Petrus von Bischof zu Bischof weitergegeben wird. In Deutschland rechnet man mit 16.000 Mitgliedern, die Kölner Gemeinde zählt 600 Mitglieder. 1876 ist das Zwangszölibat für Priester aufgehoben. Seit 1996 werden auch Frauen zu Priesterinnen geweiht.

Die (exkommunizierte) Kölner Gemeinde feierte zuerst in St. Pantaleon, damals noch protestantische Garnisonskirche, später in der alten Ratskapelle. Der historisierende Neubau von Architekt Peter Recht wurde 1906/07 errichtet. Nur der Turm hat den Krieg überstanden. Lange nutzte man eine Notkirche. Da die Gemeinde einen Wiederaufbau nicht finanzieren konnte, wurde das Grundstück schließlich verkauft. Abgesenkt, überspannt von einem weiten Oberlicht, entstand neben dem Turm eine neue Saalkirche.

▶ Bürogebäude an der Ecke Jülicher Straße/Moltkestraße

EIN TURM ALS DENKMAL

Vom Kaiser-Wilhelm-Ring aus blicken wir in die Herwarth-Straße auf den Turm der protestantischen Christuskirche. 1871 leben knapp 18.000 Protestanten in Köln. Ihre zwei Kirchen, die Antoniterkirche an der Schildergasse seit 1802 und die abseits am Filzengraben gelegene Trinitatiskirche seit 1860, reichen längst nicht mehr aus. Mit dem Fall der mittelalterlichen Stadtmauer ab 1881 und den Planungen von Josef Stübben für die Neustadt sind neue Kirchen an repräsentativen Plätzen möglich.

So werden bereits 1883 erste Sammlungen für eine neue Kirche in der seit diesem Jahr eingemeindeten Neustadt veranstaltet. 1891 wird nach einem Architektenwettbewerb mit dem Bau begonnen, dem ersten Kirchenbau der Neustadt. Das Presbyterium wählt in diesem Jahr Carl Jatho (1851–1913) zum Pfarrer, dessen umstrittenen theologischen Vorstellungen und Lehren 1911 zu seiner Entlassung führen. Dazu passt gut, dass der kleine Platz vor der Kirche 2016 nach der aktiven protestantischen Querdenkerin Dorothee Sölle (1929–2003) benannt worden ist.

1894 ist der Bau, den Plan des Wettbewerbsgewinners hatte man vom Kölner Architekten Heinrich Wiethase überarbeiten lassen, vollendet. Im Zweiten Weltkrieg wird das Schiff zerstört. Eine Notkirche wird am 2. Advent 1951 als erster Kölner Saalbau eingeweiht. Mit dem Turm der evangelischen Christuskirche sind auch die gotischen Backsteingewölbe unter der im Zweiten Weltkrieg zerstörten Kirche als Baudenkmal unter Schutz gestellt worden. Sie sind als »Basement« berühmt für Veranstaltungen und als Geburtsort von BAP.

Seit den 80er Jahren des 20. Jahrhunderts stellte sich die Frage, wie mit den Fragmenten des neugotischen Baus umgegangen werden sollte. Der Anteil der Katholiken und Protestanten ist in Köln unter 50 Prozent gesunken. 2018 lag er für Katholiken bei 33,6 Prozent, bei den Protestanten bei 14,7 Prozent. Und der Prozess setzt sich fort. So hat man sich entschieden, südlich und nördlich eines reduzierten Kirchenraumes Wohnungen und Büroräume zu bauen. Im Hintergrund mahnt Kölns 1981 vollendeter Fernsehturm »Colonius« mit seinen 266 Metern Höhe. Das drehbare Restaurant ruht seit 1994 und die Aussichtsplattform ist seit 1999 geschlossen.

▶ Der Turm der Christuskirche vom Ring aus gesehen

SUPERTRAMP
30
ZONE
P

DUFT ALS ARCHITEKTUR: DAS »BLAU-GOLD-HAUS«

Zuerst gab es einen Aufschrei und heftige Diskussionen, als sich im Oktober 1952 die Farben Blau und Gold der CI – der Corporate Identity – der Firma 4711 nächtlich leuchtend neben die gotische Kathedrale drängen. In der 1984 entstandenen Aufnahme ist noch ein Ladengeschäft der Firma 4711 im Erdgeschoss des Hauses zu sehen. Heute ist 4711 als Einzelgeschäft nur noch in der Glockengasse neben dem Opernhaus vertreten. Die senkrechten Bänder der Fassade werden wie die weitherausgezogene Kehle mit blauen Neonröhren ausgeleuchtet. Der Entwurf eines Stahlbaus vor vorgehängter Fassade aus golden eloxiertem Aluminium und türkisblauen Elementen von Wilhelm Koep (1905–1999) nutzte die erhaltenen Keller des »Savoy-Hotels«. In das Luxushotel hatte Ferdinand Mülhens, von 1873 bis 1928 Inhaber von 4711, die Gewinne aus der Produktion seines Kölnisch Wassers investiert. 1994 hat die Familie Mülhens das weiter erfolgreiche Unternehmen verkauft, das bis heute das Bild der Touristen von Köln mitbestimmt.

Heute gehört das immer noch ungewöhnliche Gebäude wie das benachbarte Dom-Hotel, dessen Renovierung noch läuft, der Zusatzversorgungskasse der bayerischen Gemeinden. Bei der Renovierung des Blau-Gold-Hauses wurden 2010 bis 2012 ab dem zweiten Obergeschoss 42 Hotelsuiten eingerichtet. Eine »Präsidentensuite« in der vierten Etage mit 88 Quadratmetern und bestem Blick auf die gotische Architektur des Domes ist selbstverständlich dabei.

Wilhelm Koep hat auch die Fabrikbauten des Unternehmens in Ehrenfeld entworfen. Auch sonst hat er mit dem Williamsbau als größtem Veranstaltungsbau der Nachkriegszeit, mit den »Sartory-Sälen«, mit dem Senats-Hotel in der Straße Unter Goldschmied, mit dem Gebäude der Kölnischen Rundschau in der Stolkgasse unverwechselbare modische Nachkriegsarchitektur geschaffen. Zu seinen Arbeiten gehört auch der Wiederaufbau des Hauses Saaleck, des spätgotischen Eckhauses Am Hof/Unter Taschenmacher, mit seiner eleganten Treppe im Ausstellungsraum der Artothek.

▶ Das Blau-Gold-Haus, Domkloster 2

Dombau-Lotterie
Sofortgewinne! Autos, Fernseher • Geld
4711 • 4711 • 4711 • 4711
4711 • 4711 • 4711
JUWELIER

DIE KÖLNER DGB-ZENTRALE

Am 17. Juli 1945 war von der englischen Militärregierung die Gründung einer Einheitsgewerkschaft zugelassen worden. Ende 1945 hat die von Hans Böckler (1875–1951) betriebene Gründung bereits 30.000 Mitglieder und nimmt ihren Sitz im Haus Venloer Wall 9. Wenige Wochen vor seinem Tod am 14. Februar 1951 hat Hans Böckler noch zusammen mit Konrad Adenauer am 4. Januar 1951 die Kölner Ehrenbürgerschaft erhalten. Heute vertritt der DGB acht Einzelgewerkschaften mit zusammen fast 6 Millionen Mitgliedern. Unser Bild zeigt noch neun Gewerkschaften. Seit den 90er Jahren des vergangenen Jahrhunderts hat sich der Kreis der vom DGB vertretenen Gewerkschaften, wie 2001 mit der Gründung der Dienstleitungsgewerkschaft »ver.di«, immer wieder verändert.

Das Grundstück der alten Zentrale der christlichen Gewerkschaften am heutigen Hans-Böckler-Platz, ehemals Venloer Straße, konnte dann zu Beginn der 1950er Jahren als Sitz des Kölner DGB übernommen werden. Eingeweiht im Jahre 1956, ist hier ein typischer achtgeschossiger Eckbau mit betontem Flachdach und einer in feinem Raster gegliederten Fassade entstanden.

▶ Die Kölner DGB-Zentrale, Hans-Böckler-Platz 1

DGB
ötv
IG BCE
NGG
hbv
GEW
DGB

RJR
30

INDUSTRIE- UND HANDELSKAMMER KÖLN

Hier vollzieht sich gerade eine der spektakulärsten Verwandlungen in Kölns Wirtschaft und Gesellschaft. Ende 2019 hat die Vollversammlung der Industrie- und Handelskammer Köln beschlossen, statt einer teuren Renovierung des 1952 vollendeten aktuellen Sitzes mit dem Erwerb eines Lofthauses 2022 neue Räume in Köln-Mülheim zu beziehen. Anfang 2020 erfolgte ganz demokratisch die nächste Verwandlung der Institution: Die Vollversammlung wählt Dr. Nicole Grünewald, geschäftsführende Gesellschafterin The Vision Company Werbeagentur GmbH, zur Präsidentin der IHK. 2015 hatte sie die Wahl noch gegen Prof. Dr. Werner Görg, Aufsichtsratsvorsitzender des Gothaer Versicherungskonzern, der auch jetzt wieder antrat, verloren. Eine Frau, eine Vertreterin des Mittelstandes eroberte die Position, die seit 200 Jahren in Männerhand, meist wirtschaftliche und gesellschaftliche Schwergewichte, gewesen ist. Der noch bis Ende 2021 angestellte Hauptgeschäftsführer hat angekündigt, seinen Vertrag nicht zu verlängern.

Die IHK vertritt als Körperschaft öffentlichen Rechts die Unternehmen in Handel und Wirtschaft in den kreisfreien Städten Köln und Leverkusen sowie im Oberbergischen Kreis, im Rhein-Erft-Kreis und Rheinisch-Bergischen Kreis. Die Verlagerung des Sitzes nach Köln-Mülheim entspricht daher dem rechtsrheinischen Schwergewicht des IHK-Bezirkes. Sie bricht andererseits mit der langen Tradition der Anbindung an die Stadtmitte als wirtschaftliches Zentrum der Großstadt und ihres Umlandes.

Der schlichte, aber repräsentative Neubau der Industrie- und Handelskammer Unter Sachsenhausen 10–26 des Kölner Architekten Karl Hell (1908–1999) zeugt vom Selbstbewusstsein der Herren des Handels und der Industrie.

Der Börsenplatz mit dem Brunnen von Heribert Calleen aus dem Jahr 1965 lässt Eingangsbereich und durchlichtetes Treppenhaus des Gebäudes wirksam hervortreten. Die mit Muschelkalk verkleidete und mit dunklen Bändern von Syenit strukturierte Fassade gibt die von den Pfeilern des Erdgeschosses angedeutete Skelettbauweise des Stahlbetonbaus wieder.

Das links benachbarte »Concordia-Haus« war von Wilhelm Riphahn als Verwaltungsbau für die Versicherung gleichen Namen ebenfalls 1952 vollendet worden. Hinter der straff senkrecht in Streifen zerlegten Fassade verbergen sich Empfangshalle und Treppenhaus. Heute wird das Gebäude von einer Rechtsanwaltskanzlei genutzt. Die Aufnahme zeugt mit dem Schriftzug RJR noch von der Nutzung als Sitz des Tabakunternehmens R. J. Reynolds.

◀ IHK Köln, Unter Sachsenhausen 10-26

»GRABMAL DES UNBEKANNTEN INTENDANTEN«

Streit ums Opernhaus hat eine Tradition, an der sich die Veränderung im Verhältnis zwischen Rat und Bürgern im Laufe der Jahrzehnte zeigt. Der Abbruch des alten Opernhauses am Rudolfplatz in den 1950er Jahren, heute oft bedauert und verurteilt, war seit 1946 durch Neubaupläne vorbereitet. Erst 1951 löst er im Rat eine lange und heftige Debatte aus. Die Kosten eines Wiederaufbaus des alten Opernhauses hat man gründlich prüfen lassen. Der Rat entscheidet, da Bürgerbegehren und Bürgerentscheid erst seit 1994 Teil der Kommunalordnung sind, am 7. Juni 1951 – bei drei Gegenstimmen der FDP – gegen das »stadtkölnische Gemüt«. Deutlich spürt man in der Diskussion den Widerwillen, den fast alle im Rat gegenüber den Bauten des Historismus unter preußischer Herrschaft empfinden. Zum Schluss wird in namentlicher Abstimmung mit 27 gegen 16 Stimmen auch der Standort des neuen Opernhauses an der Glockengasse festgelegt. Der endgültige Entwurf von Wilhelm Riphahn für das Opernhaus wird am 6. Mai 1954 einstimmig bei einer Enthaltung im Rat gebilligt.

Die Sanierung des damals entstandenen Opernhauses wird erstmals 1992 in der Haushaltsrede des Kämmerers mit »Kosten bis zu 200 Millionen DM« zur Sprache gebracht. 2004 stellt ein externes Gutachten fest, dass für die Gesamtsanierung der Bauten 140 Millionen Euro und für Neubauten an gleicher oder anderer Stelle 200 Millionen Euro zu veranschlagen sind.

Eine Bürgerbewegung »Mut zur Kultur«, Ende 2009 gegründet, kündigte Anfang Januar 2010 ein Bürgerbegehren gegen den Abriss und für die Sanierung an: »Dürfen wir akzeptieren, dass die Stadt Köln das bedeutende Erbe der 50er-Jahre-Moderne hat verwahrlosen lassen, und nun angeblich nur der Abriss bleibt?« Während Opernintendant und Bühnenchef für einen Neubau eintreten, argumentiert Schauspielintendantin Karin Beier für die Sanierung. 53.000 Unterschriften sind zusammengekommen und werden am 2. März 2010 Oberbürgermeister Jürgen Roters übergeben. 23.000 wären erforderlich gewesen. In der Ratssitzung am 13. April 2010 tritt der Rat dem Bürgerbegehren bei. Karin Beier wird im Karneval 2011 auf einem Wagen zu Jeanne d'Arc, die den Oberbürgermeister und andere Politiker bezwingt. Am 24. November 2011 beschließt der Rat bei Enthaltung der SPD-Fraktion die Sanierung. Die Schwierigkeiten der Sanierung des Baus, der dann aktuellen Vorschriften entsprechen muss, summieren sich zu einem Drama, vergleichbar dem Berliner Flughafen. Wir warten immer noch, aber geben die Hoffnung nicht auf.

▶ Das Opernhaus am Offenbachplatz

OPERNTERRASSEN
Restaurant
Severinsbrücke
Chlodwigplatz
Deutzer Brücke
Neumarkt
TAXI

Neumarkt
Tunisstr.

ENGEL DES ZEITGEISTES

Mit sanftem Schwung dreht sich die Säule und trägt über dem kleeblattförmigen Springbrunnen den Engel des Zeitgeistes. Er schwebt gut 7 Meter über dem Boden der Tatsachen. Zum 500. Todesjahr Stefan Lochners, des bekanntesten Künstlers der Kölner Malerschule mit seinem »Dombild« der Stadtpatrone, hatte der Rat den Brunnen als Denkmal in Auftrag gegeben. Im Innenhof des Wallraf-Richartz-Museums vertritt er zur Eröffnung 1957 den Ruhm der mittelalterlichen Kölner Malerschule. Heute schmückt er, durchaus passend, das hier 1988 eingezogene Museum für angewandte Kunst.

Der Engel, selbst schon eine Erinnerung an die Bilderwelt Stefan Lochners, trägt eine traditionell geschwungene Farbpalette, wie sie zu dieser Zeit Maler noch zu nutzen pflegten. Alles rundet sich sanft, wie wir es von Ewald Mataré gewohnt sind. In innerer Emigration hatte er mit kirchlichen Aufträgen die Diktatur überstanden und wurde zum renommierten Künstler der Nachkriegszeit nicht nur in Köln. Was wir bei Mobiliar und Dekoration als »Nierenstil« bezeichnen, wird bei Ewald Mataré Kunst.

▶ Der Lochner-Brunnen im Innenhof des Museums für Angewandte Kunst

haer
FRIED
GYMNASIUM

IKAROS STÜRZT NICHT

Für den Bau des Friedrich-Wilhelm-Gymnasiums an der Severinstraße war 1953 ein Wettbewerb ausgeschrieben worden. Das Wiederaufbauministerium entschied, dass die ersten Preisträger, die Brühler Architekten Josef Thomas Fabian und Ernst Sapia, mit dem zweiten Preisträger Ernst Nolte als Arbeitsgemeinschaft einen modifizierten Entwurf erarbeiten sollten. Zu Beginn des neuen Schuljahres 1956 am 12. April 1956 mussten die Schüler, da der letzte Anstrich fehlte, erst noch einmal für sechs Tage in die Ferien geschickt werden. Auch Ikaros fehlte zu diesem Zeitpunkt noch.

Der 29jährige Kurt-Wolf von Borries (1928–1985) hatte 1956 den Gestaltungswettbewerb für den Neubau gegen Ludwig Gies, Theo Heiermann und Karl Hartung gewonnen. Sein etwa 5 Meter hoher Ikarus erhebt wagemutig seinen Blick zur Sonne. Mit künstlichen Flügeln aus Federn und Wachs hatten Vater Dädalus, der Schöpfer des Labyrinths von Kreta, und Sohn Ikaros sich aus der Gefangenschaft von König Minos auf Kreta befreit. Ikaros aber kommt der Sonne zu nahe. Seine Flügel lösen sich auf und er stürzt zu Tode. Vor den gelben Backsteinen der Stirnwand des Gebäudes zur Severinstraße ahnt Ikaros sein Schicksal noch nicht. 1957 wird der Bronzeguss des Ikaros angebracht.

Die benachbarte Vorhalle der klassizistischen Wache auf dem Waidmarkt ist inzwischen dem Einsturz des gegenüberliegenden Historischen Archivs am 3. März 2009 zum Opfer gefallen. Das flache Giebeldreieck war mit zwei gegeneinander gelagerten Kriegern in antiker Rüstung geschmückt. Leicht beschädigt durch Trümmer des Dachs des Archivgebäudes hat man den Portikus, der den Bergungsarbeiten im Wege stand, abgetragen und eingelagert. Die Wache auf dem Waidmarkt war die kleinste der drei Wachen, die 1840/41 für Köln geplant und gebaut wurden: Die größte entstand am Heumarkt und gegenüber dem Regierungsgebäude ist die Alte Wache neben dem Zeughaus als einzige erhalten geblieben.

◀ Ikaros am Friedrich-Wilhelm-Gymnasium, Severinstraße 241

KONTRAPUNKT IM STADTPANORAMA

Die Severinsbrücke bleibt für Köln einmalig und einzigartig. Am 7. November 1959 wurde der ästhetische Star unter den Brücken Kölns nach dreijähriger Bauzeit eingeweiht. Das Stadtzentrum – zu beiden Seiten des Rheins – wurde bis dahin für den Straßenverkehr nur durch die Deutzer Brücke erschlossen. Die Hohenzollernbrücke war nach der Sprengung am 6. März 1945 nur als Eisenbahnbrücke mit begleitenden Fußgängerstegen, nicht wie vor dem Zweiten Weltkrieg auch als Straßenbrücke wiederhergestellt worden.

Eine Balkenbrücke ähnlich der Deutzer Brücke hatte den ersten Preis des 1954 ausgeschriebenen Wettbewerbs erhalten. Den zweiten Preis erhielt der Entwurf Gerd Lohmers unter dem Titel »Kontrapunkt« für eine Schrägseilbrücke mit ungewöhnlichem A-förmigen Pylon nahe dem rechten Rheinufer, von dessen Spitze alle Seile ausgehen. Die Rheinschifffahrt hatte darauf bestanden, dass die Brücke keinen linksrheinischen Strompfeiler erhält, um zwischen Südbrücke und Deutzer Brücke eine Wendemöglichkeit auf dem Rhein freizuhalten.

Dementsprechend wurden beide Entwürfe überarbeitet. Der Strompfeiler der Schrägseilbrücke rückte dabei 12 Meter weiter vom rechten Rheinufer aus in den Rhein hinein, statt 27 Meter nun 39 Meter, womit die Gesamtkosten niedriger ausfielen, 31,8 Millionen DM für die Balkenbrücke gegenüber 33,5 Millionen DM für die Schrägseilbrücke. Nach langen Diskussionen leistete sich der Kölner Rat am 24. November 1955 mit 43 gegen 14 Stimmen bei einer Enthaltung Gerd Lohmers Entwurf. Schrägseilbrücken waren erst seit 1955 mit der Strömsundbrücke in Schweden wieder im Gespräch. Keine Schrägseilbrücke besaß bisher der von Gerd Lohmer konzipierte bis heute markante A-förmige Pylon zwischen dessen Pfeilern die Fahrbahn hindurchschwebt. Zur Zeit ihrer Realisierung fand die Severinsbrücke weltweit Beachtung. Sie ist auch heute noch ein Blickfang, Rahmung und Kontrapunkt des von Süden sichtbaren Stadtpanoramas.

Die Entscheidung über den Namen der Brücke war im Stadtrat erst nach langen Diskussionen gefallen. Die ursprüngliche Bezeichnung aus der Planungsphase als »Gotenringbrücke« wurde erst am 24. Oktober 1957 durch die Bezeichnung »Severinsbrücke« ersetzt. Der Hinweis auf einen Heiligen war von evangelischer Seite bemängelt worden, und Ruhe schaffte erst die Feststellung aller Ratsfraktionen gemeinsam, dass sich dieser Name auf das Severinsviertel und erst in zweiter Linie daher auf den Heiligen beziehen würde.

▶ Die Severinsbrücke

»GROSSE HULDIGUNG AN DAS TECHNISCHE ZEITALTER«

Ein großer gemeinsamer Schritt für Kunst und Bildung in Köln waren die lange in den 50er Jahren des vergangenen Jahrhunderts im Rat diskutierten Bauten von Volkshochschule, Kunsthalle, Kunstverein und der große Saal des Forums am Neumarkt. Hatte man zuerst überlegt, das Gelände des früheren Bürgerhospitals für das Agrippa-Bad zu nutzen, so wird Ende 1959 beschlossen, hier am Josef-Haubrich-Hof die Bauten für Volkshochschule und Kunsthalle zu errichten. Auch der Gedanke an eine zentrale Stadtbücherei taucht auf. 1964 kann die Volkshochschule mit dem Fassadenrelief aus Bronze und eingefärbtem Beton von Arnaldo Pomodoro ihre Arbeit aufnehmen.

Arnaldo Pomodoro, 1926 in Morciano di Romagna geboren, ist einer der großen weltweit erfolgreich mit öffentlich aufgestellten Werken vertretenen Bildhauer Italiens der letzten Jahrzehnte. Er gewann den international ausgeschriebenen Wettbewerb. In Deutschland ist er mit Werken auch in Darmstadt und Nürnberg vertreten. Mit rhythmisch als Gitter oder Leiter gruppierten Linien, mit geordneten Gruppen von Halbkugeln, Kegeln und Würfeln feiert er das Ordnungsbestreben des technischen Zeitalters.

▶ Volkshochschule am Neumarkt: Kunst am Bau

GROSSRAUMBÜROS, HOCH GESTAPELT

Das die Aachener Straße an der Kreuzung mit dem Gürtel dominierende Verwaltungsgebäude der DKV an der Kreuzung Aachener Straße/Gürtel, entwarf Architekt Friedrich Wilhelm Kraemer (1907–1999). Inzwischen trägt der Bau, ein Musterbeispiel der Mode der Großraumbüros, nach der Übernahme durch die ERGO-Gruppe nun deren Logo.

ABGANG DER LUFTHANSA

Das 1970 eingeweihte »Lufthansa-Hochhaus« des Architekturbüros Hentrich-Petschnigg & Partner (HPP) hat für eine Generation das rechtsrheinische Stadtpanorama geprägt. 2007 bezog die Lufthansa einen Neubau in Deutz – mit »Großem Kranich für die Fassade«. Nach einer aufwändigen Renovierung hat 2013 das Chemieunternehmen Lanxess das Hauptgebäude mit seinen 95 Metern Höhe übernommen. Den kleineren Bauteil am Rhein, die »Rhein-Etagen« nutzt die Wirtschaftskanzlei Görg.

ES WIRD NUR NOCH EINES GEBEN

Das ist ein historisches Bild: Das linke aus drei Türmen bestehende Hochhaus der Deutschen Welle am Raderberggürtel ist 2019/2020 Stück für Stück abgebrochen worden. Das geschah ganz vorsichtig. Zuerst hatte man das asbestbelastete Innere unter großen Schutzmaßnahmen für die Arbeiter wie für die Umwelt entsorgt. Dann hätte man sprengen können, damit aber den Sendebetrieb des benachbarten Deutschlandfunks beeinträchtigt. So wurden die drei Türme der Deutschen Welle in passende Stücke für den Abtransport per Kran mit einer großen Diamantsäge zerlegt. Der linke, rote Bauteil stapelte 18 Studiogeschosse, der rechte Bauteil hatte 34 Bürogeschosse. Der 138 Meter hohe Aufzugsturm in der Mitte verband beide Funktionen miteinander. Der Entwurf der Bauten kam von der Planungsgruppe Stieldorf, die durch die Planung des Bundeskanzleramtes bekannt geworden war. Die Deutsche Welle hat seit 1953 bis 2015 über Langwelle in vielen Sprachen international über Deutschland informiert, und sendet seitdem nur noch über UKW per Satelliten. Seit dem Jahre 2003, seit dem Auszug der Deutschen Welle, die nach Bonn wechselte, standen die asbestbelasteten Räume leer. Nach Rückbau des Hochhauses und Räumung des Grundstücks ist dort neue Wohnbebauung vorgesehen.

Der benachbarte Deutschlandfunk hat seinen Bau 1979 bezogen. Begonnen hatte der Deutschlandfunkt 1962 als drittes Funkhaus in Köln. Das vom Münchener Büro Gerhard Weber und Partner entworfene Hochhaus trägt am zentralen Aufzug, über die jeweils drei Traghänger zehn Geschosse. Sie schweben über Sendesaal und Eingangsbereich.

▶ Deutsche Welle und Deutschlandfunk am Raderberggürtel

Deutschlandfunk Sendesaal

AUFSTEIGENDER BUCHHÄNDLER KAUFT »STÜRZENDE BÜCHER«

Walther König, der mit dem Verkaufsstand der Buchhandlung am Dom auf dem ersten Kölner Kunstmarkt 1967 sein Projekt der Kunstbuchhandlung gefunden hatte, baut danach mit zahlreichen Filialen und Museumsshops seit den 1960er Jahren und eigenem Verlag ein Kunstbuchimperium auf. Es legt von seiner Leidenschaft für moderne Kunst und Bücher ein ebenso grandioses Zeugnis ab wie von den Fähigkeiten des Kaufmanns Walther König.

Der Frankfurter Architekt Hubertus von Allwörden hat gemeinsam mit Gerhard Balser den mit roten Klinkern verkleideten Bau 1981 vollendet. Mit den roten Klinkern kontrastieren die schwarz gerahmten Metallfenster. Der Eingang auf der Ecke Albertusstraße/Ehrenstraße führt ins Moderne Antiquariat. Der zweite Eingang auf der Albertusstraße ist Zugang ins eigentliche zweigeschossige Ladengeschäft.

Die eingezogene Ecke, die die beiden Fassaden voneinander trennt, wird von einem gläsernen Erker beherrscht, den sich Walther König als Büro reserviert hat. Die schmale Wand darüber ist der passende Raum für die »Stürzenden Bücher« von Julian Opie.

▸ Buchhandlung König, Ehrenstraße 4

BÜCHERMARKT

GUT GETARNT

Auf den ersten Blick sieht man es nicht: Die Kölner Innenstadt bietet selten genug Spielraum für eine Aufnahme, die ein scheinbar ungestörtes Ensemble von Gründerzeitbauten zeigen kann. Natürlich stören die Autos. Die Sockelzone, ihre Standfestigkeit wird verdeckt, der Rhythmus ist gestört.

Was sieht man nicht? Man entdeckt erst auf den zweiten Blick, dass die Fassade des späten 19. Jahrhunderts von Haus Nr. 76 mit gelbgerahmten Glasflächen im Untergeschoss nicht tatsächlich die Fassade des dort Mitte der achtziger Jahre des vergangenen Jahrhunderts auf einem Trümmergrundstück errichteten Neubaus ist. Sie spiegelt nicht die reale Nutzung. Hinter dem Fenster der ersten Etage entdeckt man eine Treppe und in der zweiten Etage werden eine Stahltreppe und Pflanzen sichtbar – ohne Fenster davor. Man erkennt, dass sich mehr Etagen zum Wohnen hinter der Fassade als Denkmal verbergen, als im 19. Jahrhundert vorgesehen. Beim Haus rechts daneben hat man, um ebenso mehr Wohnraum zu entwickeln, zwei Etagen im Dach untergebracht. Denkmalpflege mit Fantasie.

► Haus Friesenwall 76

Schenkwirthschaft
Palmstr.
Einbahnstraße

»WASSERKINETISCHE PLASTIK«

Geschichte wiederholt sich nicht, so wird gerne behauptet. Bilder jedenfalls lassen sich, zumindest auf den ersten Blick, wiederholen. Diese Aufnahme hat Wolfgang F. Meier vor mehr als zwanzig Jahren gemacht. Heute könnte sie bei entsprechender Wetterlage auch gemacht werden. Ein wieder attraktiver Platz mit einem aktivierten Brunnen und öffentlicher Kontrolle macht diese Aufnahme wieder möglich.

Begonnen hatte der Platz 1897 als kleine Grünanlage und Teil des Deutschen Ringes, 1922 wurde er abgetrennt zum »Platz der Republik«, bereits am 30. März 1933 wurde dann die »Republik« bis 1945 durch »Adolf-Hitler« ersetzt. Nach Kriegsende dann »Deutscher Platz« bis 1950 die Benennung als »Ebert-Platz« in Erinnerung an Friedrich Ebert, den ersten Reichspräsidenten der Weimarer Republik beschlossen wird. Oberirdisch wird der Rest des von Treppen und Tunneln durchwühlten Platzes vom Straßenverkehr – wie man gerne sagt – umbrandet. »Grüne Wellen« kreuzen sich mit Gürtel und Nord-Süd-Fahrt mit Turiner Straße und Riehler Straße bis zur Zoobrücke und lieferten seit 1972 die Brandungswellen.

Den Wettbewerb für die Gestaltung des Platzes, der eigentlich nur noch der Betondeckel über Kölns größtem U-Bahnhof ist, gewann 1970 der Metallbildhauer Wolfgang Göddertz (1944–2016). 1977 wurde seine »Wasserkinetische Plastik« nach Abschluss der Bauarbeiten aufgestellt. Der Gedanke soll Wolfgang Göddertz, wie der Kölner Stadt-Anzeiger am 15. Juni 1977 berichtet, beim Spülen gekommen sein: »Ein Wasserstrahl, der einen Teelöffel traf, erzeugte bei Göddertz' häuslichem Küchendienst eine durchsichtige Wasserblase. Genauso soll der Brunnen am Ebertplatz funktionieren …« Und so geschah es, als am 1. September 1977 erstmals 18.000 Liter Wasser stündlich durch die Rohre gepumpt wurden. Tagsüber im Sommer eine beliebte Spielzone für Kinder, nachts angestrahlt war der Brunnen ein Ereignis – bis gespart werden musste und Brunnen zur leichten Beute des Heißhungers eines verarmten städtischen Haushalts wurden.

Lange sah es hier traurig aus. Dem Brunnen fehlte Wasser. Das Metall war verdreckt und mit Graffiti beschmiert, das Umfeld mit Drogenhändlern bevölkert. Der Ebertplatz war mit seinen Unterführungen als Kreuzung von verschiedenen U-Bahnlinien mit der Eröffnung des U-Bahnhofs 1974 zu einer Sammlung von Angsträumen geworden. Mit erneuter Inbetriebnahme des Brunnens, mit kleinen Eingriffen in die Betonlandschaft, mit besserer Kontrolle durch Ordnungsamt und Polizei hat sich das Bild wieder gewandelt.

◄ Der Ebertplatz

(K)EINE LÄNDLICHE IDYLLE: DER »KÖLNBERG«

Das sieht so friedlich aus, sollte es auch sein, ist es aber nicht. Kölns berühmtestes Beispiel für einen sozialen Brennpunkt ist der »Kölnberg« im Stadtteil Meschenich, der allerdings keine Sünde der Kölner Stadtplanung ist. Hier hat sich kurz vor der Gebietsreform von 1975 die Gemeinde Rodenkirchen ebenso täuschen lassen, wie sich auch der Investor getäuscht hat, der hoffte, hier mit einer aufwändig ausgestatteten Wohnanlage für Besserverdiener Gewinn zu machen. Der »Kölnberg« mit Fernblick auf den Kölner Dom wurde als erstes Bauherrenmodell im Erbbaurecht erstellt, das es ermöglicht, die Finanzierung von Krediten und Notargebühren von der Steuer abzusetzen. In die neun Hochhausblöcke mit insgesamt 1.322 Wohnungen investierten etwa 600 Investoren in mindestens je zwei Wohnungen, viele davon Ärzte oder Rechtsanwälte. Das ursprüngliche Angebot des Unternehmers, nach einigen Jahren eine der beiden Wohnungen zurückzukaufen, entfiel allerdings bald durch dessen Insolvenz. Der abgelegene Standort und steigende Mieten führten zu Leerständen. Die Eigentümer der Wohnungen wechselten so rasch wie die Verwalter der Anlage. Immer wieder wurden Wohnungen zwangsversteigert, die Anlage verwahrloste. 1988 standen etwa 400 Wohnungen leer und 80 waren ohne Eigentümer, die Kriminalitätsrate war auf das Vierfache des städtischen Durchschnitts gestiegen. Gegen Belegungsrechte investierte nun die Stadt Köln in die Renovierung von Wohnungen, die an Aussiedler aus Osteuropa vergeben wurden und, mit der Ausnahme eines Hauses wurde eine neue gemeinsame Hausverwaltung eingerichtet, alles ohne viel Erfolg. So sieht im Jahr 2006 Stadtentwicklungsdezernent Bernd Streitberger die Lage eindeutig: »Langfristig gibt's nur die Lösung, den »Kölnberg« abzureißen.«

Mehrfach wurden vorübergehend wirksam Streetworker eingesetzt, finanziert von der Aktion »wir helfen« des Kölner Stadt-Anzeigers. Das konnte nicht aus städtischen Mitteln fortgesetzt werden. Es bleiben zahlreiche Beratungs- und Hilfsangebote vor Ort in Meschenich, die gegen zwei zerstrittene Hausverwaltungen und das Fehlen einer sinnvollen Verkehrsanbindung und damit des Zugangs zum Arbeitsmarkt für den »Kölnberg« keine Lösung bieten. Die Hochhäuser bleiben meist soziale Endstation, wurden zum Sitz einer Drogenbande und sind immer wieder Ziel aufwändiger Polizeieinsätze.

▶ »Auf dem Kölnberg« in Köln-Meschenich

Links sind noch Fenster der Lesesäle der »Universitäts- und Stadtbibliothek« von 1966 als Teil des von Rolf Gutbrod (1910–1999) konzipierten Universitätsforums zu sehen. Über die von Jürgen Hans Grümmer (1935–2008) entworfenen »Steinwasserterrassen« blicken wir aufs Hörsaalgebäude von 1970, ebenfalls von Rolf Gutbrod entworfen. Im Wintersemester 1945/46 studieren an der am 10. Dezember 1945 feierlich eröffneten Universität 280 Studentinnen und 1.269 Studenten. Das ist noch zu finanzieren. Köln verliert nach 1945 schrittweise seine Bildungshoheit ans Land. Sie ist mit dem raschen Wachstum der Zahl der Studierenden, der wissenschaftlichen Mitarbeiter und der erforderlichen Ausstattung und Gebäude zu teuer. Im Mai 1947 stellt das Kuratorium der Universität unter dem Vorsitz von Oberbürgermeister Pünder noch ausdrücklich fest, dass man keinen Landeszuschuss erbitten wolle, »um so die Selbständigkeit dieser städtischen Einrichtung zu erhalten«. Im Juli 1948 vertritt Bürgermeister Görlinger dagegen die Auffassung der SPD-Fraktion, dass das Land die Kosten der Universität wenigstens teilweise übernehmen solle. Angesichts ständig wachsender Studentenzahlen wird ab 1953/54 stufenweise bis 1965 die Finanzierung der Universität ans Land übertragen. Mit dem Übergang der Musikhochschule ans Land, inzwischen Hochschule für Musik und Tanz mit verschiedenen Standorten auch außerhalb Kölns, und ebenfalls mit dem Übergang der Kölner Werkschulen 1971 in die staatliche Fachhochschule wiederholt sich der Vorgang. Die Übergabe der Universität ans Land wird im Rat schmerzhaft empfunden. Die autonomen Möglichkeiten, das Geschehen von Bildung und Ausbildung in Köln zu steuern, sind verloren, die »kommunale Allzuständigkeit wurde auf eine Restzuständigkeit reduziert«.

Mit ihren aktiven Studentinnen und Studenten sind die Hochschulen ein wichtiger Faktor der lebendigen Kölner Gesellschaft und ihrer wirtschaftlichen Leitungen. Sie liefern den Kölner Unternehmen die hochqualifizierten und motivierten Mitarbeiter. Allein die Universität zu Köln hat ein Haushaltsvolumen von rund einer Milliarde Euro. Dazu kommen die persönlichen Ausgaben der über 50.000 Studenten allein der Universität. TH Köln und diverse Fachhochschulen samt ihren Studenten kommen hinzu. Insgesamt rechnet man mit etwa 100.000 Studenten und Ausgaben von etwa 1,5 Milliarden Euro. Und viele wollen die Atmosphäre ihres Studienortes nicht so rasch verlassen.

◀ Universität Köln

VERANTWORTUNG FÜR DIE WELT

Heftige Diskussionen löste eine Kunstaktion von HA Schult aus: Von 1996 bis ins Jahr 2000 hat seine leuchtende Welt(kugel) auf dem Pylon der Severinsbrücke einen ganz besonderen optischen Akzent gesetzt. Sie erzählt, dass wir für unsere Welt Verantwortung tragen. Seit dem Jahre 2000 steht sie auf der Hauptverwaltung der Versicherung DEVK nahe der Zoobrücke.

▶ Welt(kugel) von HA Schult, Hauptverwaltung der DEVK an der Zoobrücke

DEVK
D

VK

Josef-Haubrich-Kunsthalle

PHANTOMSCHMERZ

Die Kunsthalle mit dem Relief von Ernst Wille (1916–2005) an der Fassade und der große, rechts sichtbare Vortragssaal und der benachbarte Flachbau des Kunstvereins an der Cäcilienstraße werden 1967 eröffnet. In der von Architekt Franz Lammersen entworfenen Kunsthalle folgte ein glanzvoller Reigen von Ausstellungen mit einem weiten Spektrum von Kunst, Geschichte und Völkerkunde von Antike und Mittelalter bis in die Gegenwart. Er begann mit einer begeistert aufgenommenen Ausstellung zum Thema »Römer am Rhein«. Zu Ehren des großen Mäzens Josef Haubrich (1889–1961) wurde die Kunsthalle später in Josef-Haubrich-Kunsthalle umbenannt. 2002 mussten Kunsthalle und Kunstverein dem neuen, 2010 eröffneten »Kulturzentrum am Neumarkt« mit Museum Schnütgen und Rautenstrauch-Joest-Museum für Völkerkunde weichen. Viel betrauern den Verlust des idealen Ausstellungsraumes noch heute.

Der in Köln geborene Rechtsanwalt und Kulturpolitiker Josef Haubrich war früh nach dem Ersten Weltkrieg zum begeisterten Sammler expressionistischer Kunst geworden. Unter der Herrschaft des Nationalsozialismus führte er das Sammeln »entarteter« Kunst bewusst und zielstrebig fort, während öffentliche Sammlungen – auch das Kölner Wallraf-Richartz-Museum – davon »gereinigt« wurden. So war die großzügige Stiftung seiner umfangreichen Sammlung im Jahre 1946 ein Zeichen der Hoffnung und ein Erfolg für Köln mit einer an vielen Orten erfolgreichen Wanderausstellung. Stiftung und Wanderausstellung sind einer der Ursprünge der heutigen Kunststadt Köln.

◀ Die ehemalige Kunsthalle am Josef-Haubrich-Hof

Die Entscheidung, sich am Ideenwettbewerb für Museumsbau und Konzertsaal zu beteiligen, war für die Architekten Peter Busmann und Godfrid Haberer erst zehn Tage vor Abgabeschluss gefallen. Der Gedanke, den Blick auf den Chor des Domes vom Rheingarten aus freizuhalten, die Bauten an den Rand des Grundstücks zu rücken und dicht an das Römisch-Germanische Museum heranzugehen, stand für beide schon vorher fest. Die Entscheidung des Preisgerichts für dieses Konzept fiel am 17. Januar 1976.

Museumsbau, Treppenanlage und die Skulptur Dani Karavans rechts im Bild waren Teil des Konzepts für das Gebiet Altstadt/Dom – Rhein. 1969 hatte der Rat eine Sachverständigenkommission für das Sanierungskonzept eingesetzt. 1975 wird der Ideenwettbewerb für den Museumsbau ausgeschrieben. Das Konzept für die Altstadt, für das der Rheinufertunnel mit Rheingarten darüber, das Museum mit Mehrzwecksaal zentrale Vorstellungen waren, wird am 25. April 1978 einstimmig beschlossen. Erneut einstimmig wird am 27. März 1979 der Vorentwurf für den Bau und die Planung der Landschaftsgestaltung akzeptiert. Am 26. Januar 1982 wird der Grundstein gelegt.

Der im Raumprogramm bereits vorgesehene Mehrzwecksaal für Museum Ludwig und Wallraf-Richartz-Museum, der auch für Musik geeignet sein sollte, verwandelte sich rasch in einen Konzertsaal und fand das Interesse und auch finanzielle Unterstützung des WDR. Damit war die Kölner Philharmonie geboren und die Bedeutung der Tatsache für Köln, dass der WDR seinen Sitz in Köln hat, war wieder einmal deutlich geworden.

Peter (1925–1996) und Irene Ludwig (1927–2010), beide Kunsthistoriker, hatten mit ihrer Sammelleidenschaft für Antike, Mittelalter und Außereuropäische Kunst früh Aufsehen erregt. Die Entscheidung aber, Kunst der Gegenwart zu sammeln, hat dann die Kunstwelt nicht nur in Deutschland verändert. Die Schenkungen für Köln führen 1975 zur Ernennung Peter Ludwigs zum Ehrenbürger Kölns. 1995 folgte die gleiche Würdigung für seine Frau, Kölns erste Ehrenbürgerin. 1976 entsteht mit der Stiftung von rund 300 Objekten das Museum Ludwig, das die Moderne Abteilung des Wallraf-Richartz-Museums integriert, ein Wachstum, das Josef Haubrich sicher begeistert hätte. Der Schenkungsvertrag wird im nichtöffentlichen Teil der Ratssitzung am 5. Februar 1976 einstimmig genehmigt. Wie im Vertrag festgelegt kann das Museum 1986 eröffnet werden.

► Museum Ludwig und die Treppenanlage zum Chor des Domes

IMHOFF
MUSEUM
STOLLWERCK

Eine mehr als erfolgreiche Ausstellung 1989 im Gürzenich anlässlich des 150jährigen Jubiläums der Firma Stollwerck und zum Thema Schokolade ließ den Gedanken an ein eigenes Museum entstehen. Der Bau an der Spitze des Rheinauhafens nach den Entwürfen des Düsseldorfer Architekten Fritz Eller konnte 1993 zur Anuga eröffnet werden. Das Museum ist inzwischen seit mehr als zwei Jahrzehnten mit über 600.000 Besuchern im Jahr das erfolgreichste Kölner Museum.

Das Unternehmen im Herzen der Südstadt liegt nach Kriegsende in Trümmern. Man beginnt mit Zuckerwaren. Im Mai 1949 kann erstmals wieder Kakao importiert werden. Der Nachkriegshunger auf Schokolade ist kaum zu befriedigen. Umsatz, Gewinn, Aktienkurs und Dividende steigen bis zu Beginn der 1960er Jahre. Aber Überkapazitäten in der Produktion, der Preiskampf auf dem Markt und eine Markenpolitik, die den Geschmack des Publikums nicht trifft, bringen das Unternehmen in Schwierigkeiten. Der Umsatz bricht ein. 1970 wird Alfred Herrhausen, stellvertretendes Vorstandsmitglied der Deutschen Bank, Vorsitzender des Aufsichtsrates. Er findet mit Hans Imhoff (1922–2007) einen Mann vom Fach, der den Mut und die Fähigkeiten hat, das Unternehmen zu sanieren. Hans Imhoff übernimmt die 46,5 Prozent des Aktienpakets aus dem Besitz der Deutschen Bank und wird 1972 Aufsichtsratsvorsitzender. Sein Gegenspieler ist Dr. Detlev Renatus Rüger, der mit seinem Aktienbesitz auf die Übernahme des Grundstücks in der Südstadt hofft. Hans Imhoff verkauft ihm das Grundstück und erhält dabei weitere 36,26 Prozent der Aktien. Da die Stadt Köln das Grundstück zum Sanierungsgebiet erklärt hat, verkauft Rüger es 1978 mit Verlust an die Stadt. Der anschließende öffentliche Streit und die Diskussionen um die Zukunft der Fabrikbauten sind bis heute im Kölner Gedächtnis geblieben.

Am 18. April 1975, Porz ist gerade seit gut drei Monaten Kölner Stadtteil, wird der Grundstein für die neue Fabrik gelegt. Acht Monate später laufen die ersten Pralinen vom Band. Im Schokoladenmarkt baut Hans Imhoff sein Unternehmen durch Zukäufe von Markenunternehmen weiter aus. Im Jahre 2002 verkauft Hans Imhoff seine 96 Prozent Aktienmehrheit am Unternehmen, an einen Schweizer Konzern, der im Jahre 2005 die Produktion in Porz schließt. 2001 hatte er die Imhoff-Stiftung gegründet, die Kölner Projekte in den Bereichen Kunst, Kultur und Wissenschaft fördert. Damit bleibt wie auch mit dem »Schokoladenmuseum« sein Name und die Erinnerung an Stollwerck in Köln präsent.

◀ Das Schokoladenmuseum am Rheinauhafen

EIN DOM FÜRS CINEMA

Ein gutes Beispiel für erfolgreich geplante Stadtentwicklung ist der MediaPark. Die absehbar kommende und rasante Entwicklung der kreativen Arbeitsplätze in den Medien hat in den 1980er Jahren das Interesse der Politik geweckt. Der Rat beschließt am 28. April 1988 gegen die Stimmen der Grünen und die Regenbogenfraktion, die seit Sommer 1985 diskutierten Planungen zum MediaPark auf dem Gelände des ehemaligen Güterbahnhofs Gereon nach dem preisgekrönten Masterplan des kanadischen Architekten Eberhard H. Zeidler umsetzen zu lassen. 20 Hektar Gelände werden zur Hälfte öffentlicher Park, zur Hälfte bebaut. Sechs fast dreieckige, innen offene Baublöcke rahmen mit schmalen Fassaden einen zentralen Platz den im Osten das Multiplexkino »Cinedom« und im Westen der »KölnTurm« dominieren. Die sich über gut zwei Jahrzehnte hinziehende Realisierung der Planung hat zwar nur zum Teil die Erwartung erfüllt, dass sich Medienunternehmen hier konzentriert ansiedeln, aber das Ensemble ist als Stadtlandschaft gelungen.

Heute wird der MediaPark etwa zur Hälfte von Medien und IT-Unternehmen genutzt. Im Gegensatz zu vielen der Gewerbeparks oder Technologiezentren, die für die Wirtschaft Kölns Wachstumsräume öffnen, wird hier aber mit Cinedom und der Photographischen Sammlung der SK-Stiftung der Sparkasse KölnBonn und dem Deutschen Tanzarchiv, mit gastronomischen Angeboten die Stadtgesellschaft einbezogen. Und, nicht zu unterschätzen, es ist ein gelungenes Architekturensemble entstanden, dessen Name zugleich wenn auch kaum durch reale Nutzung, aber überzeugend Kölns Anspruch als Medienstadt vertritt.

Der Güterverkehr hat nach der Aufgabe des Güterbahnhofs Köln Gereon, der eine weite Fläche für den Mediapark freigegeben hat, den Bahnhof Eifeltor als zentrale Anlaufstelle. Acht Kräne laden hier seit 2012 pro Jahr etwa 400.000 Container um. Nach Hamburg der zweitgrößte Container-Bahnhof. Und am Bilderstöckchen ist inzwischen das neue ICE-Werk der DB in Betrieb genommen worden.

Ein stadtweit überzeugender Einstieg war der 1991 eröffnete und inzwischen bereits renovierte Cinedom, entworfen von Eberhard Zeidler, dem Schöpfer des Masterplans für den Mediapark. Die gläserne Eingangshalle mit ihrer Kuppel dominiert gegenüber dem KölnTurm den zentralen Platz. Nächtlich illuminiert ist der Cinedom mit seinen heute 14 Kinosälen ebenso wie das sich bewegende Lichtprogramm des KölnTurms eine Attraktion im Stadtbild.

▶ Der Cinedom im Mediapark

CINEDOM

DOM

DAS HÖCHSTE BÜROGEBÄUDE DER STADT

Dem französischen Stararchitekten Jean Nouvel haben wir das mit 148,1 Meter höchste Bürogebäude der Stadt zu verdanken. Mit der Senderantenne werden sogar 165,4 Meter Höhe erreicht. In Nordrhein-Westfalen ist nur der Post Tower in Bonn höher. In Deutschland reicht es für den sechzehnten Platz. Die Terrasse in Höhe der 30. Etage ist dort über das Restaurant Osman zugänglich.

Die vor die Primärfassade des Gebäudes vorgehängte bedruckte Sekundärfassade kühlt mit der Möglichkeit der Hinterlüftung und zeigt über dem angedeuteten Kölner Panorama – der Dom ist gut erkennbar – einen Kölner Himmel mit Wolken. Nachts verwandelt sich der KölnTurm seit 2009 durch eine Lichtinstallation von Heinz Mack in lebendig bewegte wechselnde Vorhänge aus Licht, die noch weit in die abendliche Stadt hinein sichtbar sind.

▸ Der KölnTurm im Mediapark

WDR

Die von Gottfried Böhm entworfenen und 1997 vollendeten WDR-Arkaden verkünden mit Ihrer Neon-Signatur allabendlich den Hausherrn. Gottfried Böhm, 1920 als Sohn des Architekten Dominikus Böhm geboren, ist inzwischen mit Bauten wie dem Rathaus Bensberg, der Pilgerkirche Neviges oder dem Verwaltungsgebäude der Züblin AG zu Weltruhm gelangt.

Der Bau des Funkhauses am Wallraf-Platz war für die Zukunft Kölns und der Kölner Wirtschaft, auch für die Kölner Kulturlandschaft entscheidend. Der Wunsch, dort zu bauen, stieß bei der Stadt Köln nicht auf Begeisterung. Ein banales Funkhaus passte nicht in die Vorstellungen für das Stadtzentrum als vom Dom überragtes geistiges Zentrum, wie sie Stadtplaner Rudolf Schwarz formulierte. Die Drohung, sonst nach Düsseldorf wechseln zu wollen, wirkte. Köln wird zum attraktiven Medienstandort. Die Entscheidungen, 1953 die Deutsche Welle und 1954 den BFBS, den British Forces Broadcasting Service, in Köln zu etablieren, ergänzten die Kölner Medienlandschaft. Mit der Freigabe des Fernsehens für private Sendeanstalten entscheiden sich seit 1984 RTL und die parallelen Unternehmen der RTL-Mediengruppe Super RTL, VOX und n-tv für den Standort Köln. Seit dem Jahr 2010 senden sie zentral aus den umgebauten Messehallen am Deutzer Rheinufer und erwirtschafteten in diesem Jahr einen Umsatz von 1,9 Milliarden Euro. RTL ist, als 2003 der Wegzug von der Aachener Straße geplant wird, der größte Gewerbesteuerzahler der Stadt.

Für Köln sind die schon im Jahre 2012 rund 1,3 Milliarden Euro umfassenden Einnahmen und Ausgaben des WDR ein nachhaltiger Faktor für Wirtschaft aber auch der Kultur der Stadt. Hatte man im August 1945 mit 38 Mitarbeitern begonnen, waren es im Juli 1946 bereits 208 und im Januar 1956, im nun selbständigen WDR 812. Im Jahre 1984 wohnen mit 2.277 mehr als die Hälfte der 4.470 festen Mitarbeiterinnen und Mitarbeiter des WDR in Köln. Das beschreibt nur den Kern der Wirkung des WDR auf den Kölner Arbeitsmarkt. Etwa 15.000 freie Mitarbeiter sind für den Sender aktiv und damit sind auch zahlreiche kleine und größere Firmen zusätzlich für den WDR tätig. Auch die 1973 gegründete, nicht immer allseits beliebte GEZ, die Gebühreneinzugszentrale mit etwa 1.100 Mitarbeitern in der Kölner Zentrale ist mit dem Standort Köln des WDR verbunden. Der WDR konnte für den notwendigen Bürobau ein eigenes Grundstück in Bocklemünd anbieten.

◄ Die WDR Arkaden Breite Straße/Nord-Süd-Fahrt

DIE GROSSE SHOW

Eine der in jeder Hinsicht großen Attraktionen Kölns ist die Lanxess Arena. Dies nach dem Dom räumlich größte Unternehmen im Bereich Kultur, ist seit 1998 aktiv. Erst seit 2008 tritt sie für einen Preis von wohl jährlich 1,5 Millionen Euro als Lanxess Arena auf. Sie bietet bis zu 22.000 Plätze für Sport, Musik, Karneval und Shows aller Art. Auf dem europäischen Kontinent steht sie regelmäßig an der Spitze entsprechender Spielstätten. Auch weltweit hat sie einen Spitzenplatz. Für 2015 werden 450.000 Übernachtungen und ein Umsatz von 600 Millionen Euro geschätzt, die die Arena mit ihrem Programm nach Köln gebracht hat.

Die Vorgeschichte ist lang und schwierig. Immer wieder hat man im Kölner Rat an den Bau einer neuen Sporthalle gedacht. Allerdings fehlte für die Realisierung immer »der Mann mit dem Koffer« für die Finanzierung des Wunsches, den die Stadt sich nicht selbst erfüllen konnte. Ein Oppenheim-Esch-Fonds als Gesellschaft bürgerlichen Rechts (GbR) »Immobilienfonds Köln-Deutz, Arena und Mantelbebauung« rettet das Projekt. 1995 ist die Finanzierung gesichert. Über 70 »sehr, sehr Vermögende«, meist Kölner, haben sich mit durchschnittlich 15 Millionen DM am Projekt beteiligt. Die Mantelbebauung wird als Stadthaus an die Stadt Köln vermietet, die hier das schon lange diskutierte und gewünschte Technische Rathaus erhält. Lothar Ruschmeier, noch Oberstadtdirektor, macht am 31. August 1996 mit Gespür für einen großen Auftritt mit einem Bagger den »ersten Spatenstich« für den markanten, von Paul Böhm entworfenen Bau. Nach dem Ende seiner Amtszeit als Oberstadtdirektor am 22. April 1998 wird er übergangslos Geschäftsführer der Oppenheim-Esch Holding, die die Finanzierung gestemmt hat. Er schwärmt im September 1998: »Die Privatfinanzierung kommt mir heute vor wie die Geschichte von den hilfreichen Heinzelmännchen aus Köln. Das lange unmöglich scheinende wurde möglich.« Am 11. September 1998 wird eröffnet. Selbst »ein skeptischer Wolfgang Niedecken war am Ende positiv überrascht«.

In den ersten fünfzehn Jahren hat die Arena mit über 2.400 Veranstaltungen mehr als 25 Millionen Besucher zählen können. International wie national steht die Arena immer auf einem der ersten Plätze. Inzwischen treten manche Künstler wie Helene Fischer oder Phil Colllins lieber mehrfach in Köln auf, als viele Orte auf eine Tourneeliste zu setzen. Die Besucher kommen und bringen Geld nach Köln.

▶ Die Lanxess Arena in Köln-Deutz

»HOCHHAUS-CARNEVAL«

Planungen für Hochhäuser sind in Köln oft eine sichere Basis für lange und intensive und ergebnisarme Diskussionen über ein Hochhauskonzept für die Stadt. Planung durch das renommierte Büro von Sir Norman Foster und Bau des 2001 eröffneten »Gerling Ring-Karree« mit maximal 55 Metern Höhe verliefen erstaunlich geräuschlos. Angesichts der auffällig langweiligen, maximalen Grundstücksausnutzung überrascht das nicht. Kein extravagantes Detail bot sich für eine Diskussion oder Kritik an. Ein erster »Hochhaus-Carneval« hatte sich 1924 bis 1926 um die geplante Hochhausbebauung rings um den Aachener Weiher und um die Bebauung der linksrheinischen Brückenrampe der Deutzer Brücke abgespielt. Beide Projekte scheitern.

2002 startet ein neuer »Hochhaus-Carneval«. Rings um den Deutzer Bahnhof werden ganz euphorisch fünf Hochhäuser geplant, für die der Rat der Stadt Köln am 12. Dezember 2003 den Weg freigemacht hat. Das international besetzte UNESCO-Komitee, das sich mit gebautem Kulturerbe, aber auch mit immateriellem Erbe, Naturerbe und Dokumentenerbe beschäftigt, setzt daraufhin 2004 den Kölner Dom auf seine Rote Liste der bedrohten Denkmäler. Planungen, die in die »Sichtbezüge« eingreifen, bedrohen die Wirkung des Denkmals. In den zwei Jahrzehnten der Tätigkeit des Beigeordneten Werner Baecker von 1968 bis 1988 galt für die Höhe der Bauten das »Schüsselprinzip«. Im Gegensatz zu den historischen Bauten, die in der Mitte der Stadt im Dom kulminieren, soll die Höhe der modernen Bauten im Kern beschränkt sein und nur nach außen anwachsen. Eine überlegte Stadtplanung lässt sich aus den eher zufällig am Rheinufer oder an radial verlaufenden Ausfallstraßen verstreuten Hochhausbauten nicht erkennen.

Kern der Auseinandersetzungen wird 2003 der KölnTriangle am Deutzer Ufer, finanziert vom Landschaftsverband Rheinland, dem schließlich 103,20 Meter Höhe zugestanden werden. Seit Mai 2006 bietet die Dachplattform eine wunderbare Sicht auf den Dom und die Kölner Stadtlandschaft. 2006 nimmt das Komitee den Dom vorausschauend im Sommer von der Roten Liste. Lange Monate wird noch über ein Höhenkonzept für die Innenstadt debattiert, das am 15. Mai 2007 vom Rat mit einer Höhe von 22,50 Meter für die Innenstadt innerhalb der Ringe beschlossen wird. Heute hat das Höhenkonzept des Rates wenig Gewicht. Der Sprecher des Oberverwaltungsgerichtes in Münster wird im März 2010 mit der Meinung zitiert: »Es sei lediglich eine Willenserklärung des Rates und keine Rechtsnorm.«

▶ Das Gerling Ring-Karree am Friesenplatz

"Große Freiheit zum kleinen Preis."
"Große Freiheit zum kleinen Preis."
U
Friesenplatz

KÖLN STRAHLT RECHTSRHEINISCH

Das rechtsrheinische Köln wird das moderne Köln. Das Stadthaus mit der Lanxess Arena oder Umzug der IHK sind deutliche Zeichen. Das ehemalige Fabrikgelände der CFK, der Chemischen Fabrik Kalk, ist dafür nur ein weiteres Beispiel: Hier haben das Polizeipräsidium, die permanente Naturwissenschaftsshow »Odysseum« als Jubiläumsstiftung der Stadtsparkasse, das 2005 eröffnete Einkaufszentrum der Köln Arcaden Platz gefunden. Der großzügige Neubau des vorher in der Kölner Innenstadt auf verschiedene Gebäude verteilten Musikinstrumente-Imperiums »Music Store«, des zweitgrößten Musikalienhändler Deutschlands ist eine belebende Attraktion. 2018 hat hier die GAG, Kölns größter Vermieter von Wohnungen, ihre neue Hauptverwaltung bezogen.

Die CFK, für die Dünger einst das Kerngeschäft war, rühmt sich anlässlich des 100jährigen Jubiläums im Jahre 1958 noch seiner Wiederaufbauleistungen. Im Juni 1945 zählte man 220 Mitarbeiter, Ende des Jahres sind es 580. Beim Entschutten gewinnt man Material für Reparaturen und entdeckt Bestände an Chemikalien, Koks und Rohbraunkohle. Im November 1945 erhält man die Genehmigung für die Produktion von 3.000 Tonnen Dünger pro Monat. 1949 werden bereits 150.000 Tonnen erreicht und bis 1957 wird der Ausstoß bei über 2.000 Mitarbeitern verdoppelt. 1958 kaufte sich die BASF im Rahmen einer Kapitalerhöhung bei der CFK ein. Die CFK wird damit zu einer abhängigen Tochtergesellschaft, deren Lebensfähigkeit seit den 1980er Jahren zur Diskussion steht. Von noch fast 1.400 Mitarbeitern im Jahre 1983 sinkt die Mitarbeiterzahl ein Jahrzehnt später auf weniger als die Hälfte. Ende 1993 läuft die Soda- und Calciumchlorid-Produktion aus. Mit einem Sozialplan wird die Schließung vorbereitet. Im März 1994 wird die Herstellung von Tierfutterphosphaten eingestellt. 1995 beginnt der Abbau der Produktionsanlagen. Die Sprengung des hohen Schornsteins am 25. Oktober 1996, lange das Stadtbild prägend, setzt einen Schlusspunkt.

Das neue Polizeipräsidium ersetzt das Hochhaus der frühen Nachkriegszeit am Waidmarkt. Entworfen vom Architekten Hanspeter Kottmair entstand der Neubau in zwei Etappen 1991 und 2001. Wolfgang F. Meier hat hier den ersten Bauabschnitt am Walter-Pauli-Ring aufgenommen. Zur Eröffnung des Polizeipräsidiums am 25. Oktober 2001 wurde die ehemalige Eisenbahnstraße in Walter-Pauli-Ring umbenannt. Der Kölner Polizist Walter Pauli (1953–1975) war Opfer eines Schusswechsels im Umfeld der RAF geworden.

▶ Das Polizeipräsidium am Walter-Pauli-Ring

»NEUGIERIG WAR DES SCHNEIDERS WEIB«

In einer kleinen Anlage vor dem Südportal, so lautete der ursprüngliche Plan für die unter hohen Kosten freigelegte Umgebung des Domes, sollte ein auf den Dom bezogener Brunnen stehen. Man dachte 1896 noch an Albertus Magnus, dem man Anfang des 19. Jahrhunderts sogar den Plan für den gotischen Dom zuschrieb. Tatsächlich hat er die Baugruben beobachtet und darüber berichtet.

Als sich der 100. Geburtstag von August Kopisch (1799–1853) näherte, wechselte der Kölner Verschönerungsverein das Thema. Sein Gedicht hatte die traurige, 1826 erstmals in Köln erwähnte Geschichte populär gemacht. Der »Heinzelmännchen-Brunnen« wurde beim Bildhauer Edmund Renard und seinem Sohn Heinrich, der als Architekt die Gesamtanlage entwarf, in Auftrag gegeben.

Die öffentlichkeitsscheuen Heinzelmännchen, die nachts die Arbeit der faulen Kölner Männer erledigten, wollten nicht gesehen werden. Des Schneiders Weib streute Erbsen auf die Treppe, auf denen die Helfer ausrutschten und damit die Schneidersfrau herbeilockten. Seit diesem tragischen Geschehen müssen die Kölner, soweit nicht ausländische Gastarbeiter etwa aus Preußen die Arbeit übernehmen, wieder selbst arbeiten. Die Angewohnheit, anderen gerne beim Arbeiten zuzuschauen, findet sich heute auch bei männlichen Kölnern.

▶ Der Heinzelmännchen-Brunnen, Am Hof 12–14

IDENTITÄTSSTIFTUNG MIT KLEINKRIEG UND KLEINHANDEL

»Et Hätz schleiht em Veedel« war das Motto der Karnevalssession 2019/20: »Das Herz schlägt im Viertel«. Das war keine neue Erkenntnis. In vielen Liedern nicht nur der Bläck Fööss ist das Veedel ein Grundthema sozialen Lebens. Zwei Denkmäler aus Deutz und Poll stehen hier dafür als Beispiele.

Die Feststellung, dass Köln eigentlich aus vielen Dörfern besteht, die man als Veedel bezeichnet, in denen man sich gegenseitig kennt und hilft, ist nicht neu. Ganz im Gegenteil. Mit den Pfarrgemeinden der Altstadt und der Stifte, genauer gesagt in den Sondergemeinden, in denen teils auch mehrere Pfarren zusammengefasst waren, hat alles soziale Leben, haben auch alle demokratische Bestrebungen in Köln im frühen Mittelalter angefangen. Amtsleute, später Kirchmeister und gerne auch die Pfarrer selbst wurden gewählt.

Über die andere Seite des alltäglichen Lebens im Veedel, über mit zäher Wut geführte Nachbarschaftsstreitigkeiten, sieht man lieber hinweg. Zum Kölner Image passt das nicht, so ganz und gar nicht. Dass ein solcher Nachbarschaftsstreit gerade in Deutz von der Hand Ewald Matarés Denkmalrang erhalten hat, überrascht nicht. Köln und Deutz hatten zwar den Rhein zwischen sich, Deutz war aber seit der Gründung des Deutzer Klosters in der Hand des Kölner Erzbischofs. Immer wieder versuchten der Erzbischof, aber auch andere Gegner Kölns wie die Schweden im Dreißigjährigen Krieg, Deutz als Stützpunkt gegen Köln zu nutzen.

Der legendäre Deutzer Nachbarschaftsstreit enthält alles, was für ein Drama erforderlich ist. Es geht um Arm gegen Reich, um verfeindete Familien und als Sahnehäubchen um Romeo und Julia. Die Auseinandersetzung entzündet sich an den Singvögeln, die ein armer Deutzer Schneider für zusätzliche Einnahmen züchtete und verkaufsfördernd in Käfigen am Haus präsentierte. Der gutverdienende wohl erzbischöfliche Steuereinehmer und Langschläfer im Hause gegenüber empfand das als Störung. Er strengt schließlich einen Prozess an, den er verliert, da selbst der Richter ähnliche Vögel hält. Der Streit eskaliert, als der Steuereinnehmer nun einen Ziegenbock im Käfig vor seinem Hause heftig meckern lässt. (Nicht verwandt mit dem Hennes des 1. FC Köln!) Der allgemeine Spott trifft den Schneider. Der Spott bleibt, selbst als der Bock stirbt und als Relief in Stein am Haus ersetzt wird. So war er noch vor dem Zweiten Weltkrieg als Hauszeichen am Haus Siegburger Straße 24 zu sehen. Verzweifelt verlässt die Familie des Schneiders Deutz. Die geheim gehaltene Liebe zwischen des Schneiders Tochter und dem Sohn des Steuereinnehmers erfüllt sich erst, als sie zu Vermögen und zurück nach Deutz gekommen, das Haus des Steuereinnehmers erwirbt, ihrer Liebe wiederbegegnet und heiratet: Also doch bieder deutsch gelöst und nicht italienisch dramatisch.

Zur 500-Jahrfeier der 1463 gegründeten Deutzer St. Sebastianus Bruderschaft beschließt der Rat Ersatz für das verlorene Symbol Deutzer Identität. Gerhard Marcks erhält den Auftrag. Am 24. Oktober 1964 wird der Brunnen auf einer kleinen Grünfläche an der Lorenzstraße nahe dem Gotenring eingeweiht. Der teilvergoldete Bronzeguss des Ziegenbocks steht auf einer Säule in einem kleinen quadratischen Brunnenbecken. Nach der Einsparwelle für Brunnen läuft er nun seit 2016 wieder. Die kleine Grünfläche wird von der Initiative »Bock auf Garten« gepflegt und die Stadtverwaltung hat zwei Bänke auf dem Platz, der nun seit 2017 »Am Düxer Bock« heißt, aufgestellt. Das Herz schlägt langsam, aber es schlägt im Viertel.

Im Mittelpunkt der »Milchmädchensiedlung«, die 1919–1921 nach dem Ersten Weltkrieg im benachbarten Köln-Poll entstand, liegt der Efeuplatz. Hier hat ein anscheinend nicht aktenkundiger Künstler, vielleicht der Kölner Bildhauer Willy Meller (1887–1974) vor seiner aktiv nationalsozialistischen Phase, den Poller Milchmädchen und ihren von Eseln gezogenen Wagen voller Milchkannen ein Denkmal gesetzt. Damit hat man »identitätsstiftend«, wie es so schön heißt, auf die Geschichte des kleinen von Milchwirtschaft und Fischfang lebenden Dorfes zurückgegriffen, das durch die Einfamilienhaussiedlung erweitert wurde. Poll war wie Deutz 1888 eingemeindet worden. Fischer und Bauern fanden den Absatz ihrer Waren in Köln, das über eine Fähre gut zu erreichen war. Wie in Deutz wird mit dem Milchmädchendenkmal lokale Geschichte festgehalten und tradiert.

◄ Der »Düxer Bock« am Gotenring

► Das Milchmädchen-Denkmal auf dem Efeuplatz in Köln-Poll

»EN KÖLN AM RHING BEN ICH GEBORE«

Als Willi Ostermann (1876–1936) in den ersten Tagen des August 1936 sein letztes Lied »Heimweh nach Köln« mit der Zeile »ich möch zo Foß noh Kölle gon« schrieb und komponierte, konnte er das inzwischen mit gewissem Recht von sich behaupten, dass er in Köln am Rhein geboren sei. Sein Geburtsort Mülheim war nun seit 1914 eingemeindet.

Wilhelm Unger (1904–1985), Autor und Journalist, als Jude aus Köln vertrieben und aus England 1939 als feindlicher Ausländer auf dem Weg ins Exil nach Australien, berichtet davon, dass die Kölner auf dem Schiff voller Heimweh das Lied sangen. Mancher wurde durch das Lied nach Kriegsende Opfer skurrilen Humors der Sieger: Mutter und Tochter, von den Tschechen ausgewiesen, erhalten in Thüringen den Eintrag »Zu Fuß nach Köln« in ihre Papiere. Der das Papier ausstellende amerikanische Offizier sagte: »Sie singen das Lied doch immer so gerne.« Der Marsch dauerte 45 Tage. »Das Lied war für viele ›Evangelium‹«, erzählt Sibilla Falter von ihrer Rückkehr nach Köln: »Der ganze Deutzer Bahnhof war voller Flüchtlinge. Erst hat man uns in Quarantäne gesteckt. Sind entlaust worden. Wir waren in Köln, sahen den Dom von der anderen Seite. Wir haben geheult. Die haben alle kölsche Lieder gesungen. ›Ich möchte zu Fuß nach Kölle jon.‹ Da kam das Lied richtig zur Geltung, und es ist für Tausende von Menschen zur Wahrheit geworden. Das Lied war ein Evangelium.« Und blieb es. Noch Jahre später wünschte Kölns großer Gastronom der Nachkriegszeit, Hans Herbert Blatzheim (1905–1968) sich das Lied zu seiner Beisetzung im Jahre 1968.

Hunderte warfen einen letzten Blick auf den in seiner Wohnung aufgebahrten Dichter und Komponisten Kölner Seelenlebens. Tausende begleiteten den Sarg auf dem Weg zum Ehrengrab auf Melaten. Die Wohnung Neumarkt 33 mit Blick auf den traditionellen Sammelplatz der Rosenmontagszüge war ideal gewählt, um zu sehen und gesehen zu werden. Neben dem Schaufenster eines Geschäfts für modische Dessous erinnert heute eine Gedenktafel in Bronze daran.

Das Bronzemedaillon auf dem Grabstein Willi Ostermanns mit seinem Portraitrelief könnte von Willi Klein stammen, der dann den Ostermann-Brunnen in der Altstadt schuf. Der Rosenmontagszug 1976 feierte mit dem Motto »Sang und Klang mit Willi Ostermann« seinen 100. Geburtstag.

▶ Bronzemedaillon auf dem Grabstein für Willi Ostermann

WILLI OSTERMANN
1. 10. 1876
6. 8. 1936

OSTERMANNBRUNNEN AUF DEM OSTERMANNPLATZ

Willi Ostermann (1876–1936) gelang es mit seinen Liedern der Heimatliebe, der Atmosphäre Kölns vor und nach dem Ersten Weltkrieg im noch besetzten Rheinland Ausdruck zu geben. Thomas Liessem (1900–1973), Vorsitzender des Festausschusses Kölner Karneval, der an den Text von »Heimweh nach Köln« noch letzte Hand angelegt hatte, stiftete mit seinem Honorar für die Schallplatte und für eine von ihm verfasste Biographie Willi Ostermanns den größten Teil der Kosten für den Ostermann-Brunnen. Bildhauer Willi Klein versammelte die Gestalten seiner Lieder zu seinem Gedenken. In Gegenwart der Prominenz der Kölner NSDAP mit Oberbürgermeister Dr. Karl-Georg Schmidt wurde am 11. 11. 1938 der Grundstein gelegt. Aschermittwoch des nächsten Jahres, am 16. Februar 1939, konnte Thomas Liessem den Brunnen einweihen. Die Willi Ostermann Gesellschaft feierte hier seit dem 11. November 1969 die Eröffnung der Karnevalssession. Angesichts wachsender Teilnehmerzahlen wurde die Feier bald auf den Alter Markt und nun seit Jahren auf den Heumarkt verlegt.

Seit den 1920er Jahren war für die »Altstadt« zwischen Rheinufer und Alter Markt eine durchgreifende Sanierung geplant worden. Vor Beginn des Zweiten Weltkrieges war das Vorhaben im Bereich rings um Groß St. Martin und in den südlich anschließenden Baublöcken abgeschlossen. Aus den Innenhöfen der Baublöcke, von Bebauung bereinigt und mit Durchgängen geöffnet, waren Ostermannplatz und Eisenmarkt entstanden. Das Hänneschen-Theater wurde am Eisenmarkt als Markenkern kölscher Tradition eingefügt. Die Häuser selbst wurden unter marginaler Sicherung des historischen Bestandes erneuert und modernisiert. Das bezeichnete man zeitgemäß als »Gesundung« und »Entschandelung«. Fachwerkverblendete Betonkonstruktionen empfand Hans Vogts, noch bis 1948 Kölner Stadtkonservator, zwar damals als »konstruktive Unehrlichkeit«, vertrat die Entscheidung aber als notwendige Lüge »zum Wohle des Ganzen« und nicht zuletzt des Tourismus. Gleichzeitig wurden »Asoziale, Verbrecher und unsittliche Personen« entfernt, die meisten Bordelle aufgekauft und geschlossen, und nun »einwandfreie Handwerksbetriebe« und »sittlich einwandfreie arische Volksgenossen« angesiedelt. Seit 1974 war der Brunnen, wie auf Wolfgang F. Meiers Aufnahme, verkleinert zu sehen. Seit 1997 hat er dank der Willi Ostermann Gesellschaft wieder seine ursprüngliche Gestalt.

▶ Der Ostermannbrunnen auf dem Ostermannplatz

ET BILLA

KÖLN ZEIGT HALTUNG: DER KALLENDRESSER

Als selbstbewusster Vertreter der Kölner Eigenlogik hat der Architekt Jupp Engels (1909–1991) an seinem Haus »Em Hane« am Alter Markt die von Ewald Mataré gestaltete Figur des Kallendressers anbringen lassen. Er sitzt seit Karneval 1964 nicht ganz sachgerecht unterhalb der Regenrinne, also zu tief. Der Legende nach entlud er seine Notdurft in die Regenrinne (Kalle). Damit zeigt er zugleich seine Einstellung gegenüber der Obrigkeit im Rathaus gegenüber. Dort antwortet der »Kölner Spiegel«, eine Skulpturenkonsole, ebenfalls blankgezogen, und spiegelt die Haltung der Obrigkeit gegenüber den Untertanen. Manche behaupten, das wäre auch heute noch die aktuelle Einstellung der Stadtpolitik. Mit der Schmitzsäule, Denkmal der frühen Verbindung von Ubierinnen und Legionären, hinter seinem Haus und den Bronzeskulpturen von Tünnes und Schäl daneben, hat Jupp Engels sein Bild kölscher Eigenlogik abgerundet und im Kallendresserorden Gleichgesinnte um sich gesammelt.

Lebensfreude lässt sich weder vorschreiben noch unterdrücken. Der Kölner – und die Kölnerin auch – lassen sich ihre Lebensfreude, wichtiger Bestandteil der Kölner Eigenlogik, nicht verbieten. Der Schock des Golfkrieges führte am 21. Januar 1991 zur offiziellen Absage des Straßenkarnevals und führte am Rosenmontag den Offiziellen ihre Bedeutungslosigkeit vor: Die Straßen in der Innenstadt waren trotz Schneetreiben voller Narren und man begegnete improvisierten Zügen. Das aufgefrischte kölsche Selbstbewusstsein zeigte sich bald wieder im Volksaufstand gegen Rassismus und Fremdenfeindlichkeit. Mit dem Erfolg der großen Veranstaltung vom 9. November 1992 auf dem Chlodwigplatz »Arsch huh, Zäng ussenander!« setzt sich auch kölsche Sproch wieder als Ausdruck des Selbstbewusstseins durch, was bei 100.000 Kölnern vor Ort Begeisterung und Zustimmung fand. Daraus erwuchs die bis heute mit Hermann Rheindorf als ihrem Sprecher weiter aktive »AG Arsch huh, Zäng ussenander!«. Das mehrfach angesprochene Körperteil erscheint hier erneut, wenn auch wohl in bekleidetem Zustand.

▶ Der Kallendresser am Haus Alter Markt 24

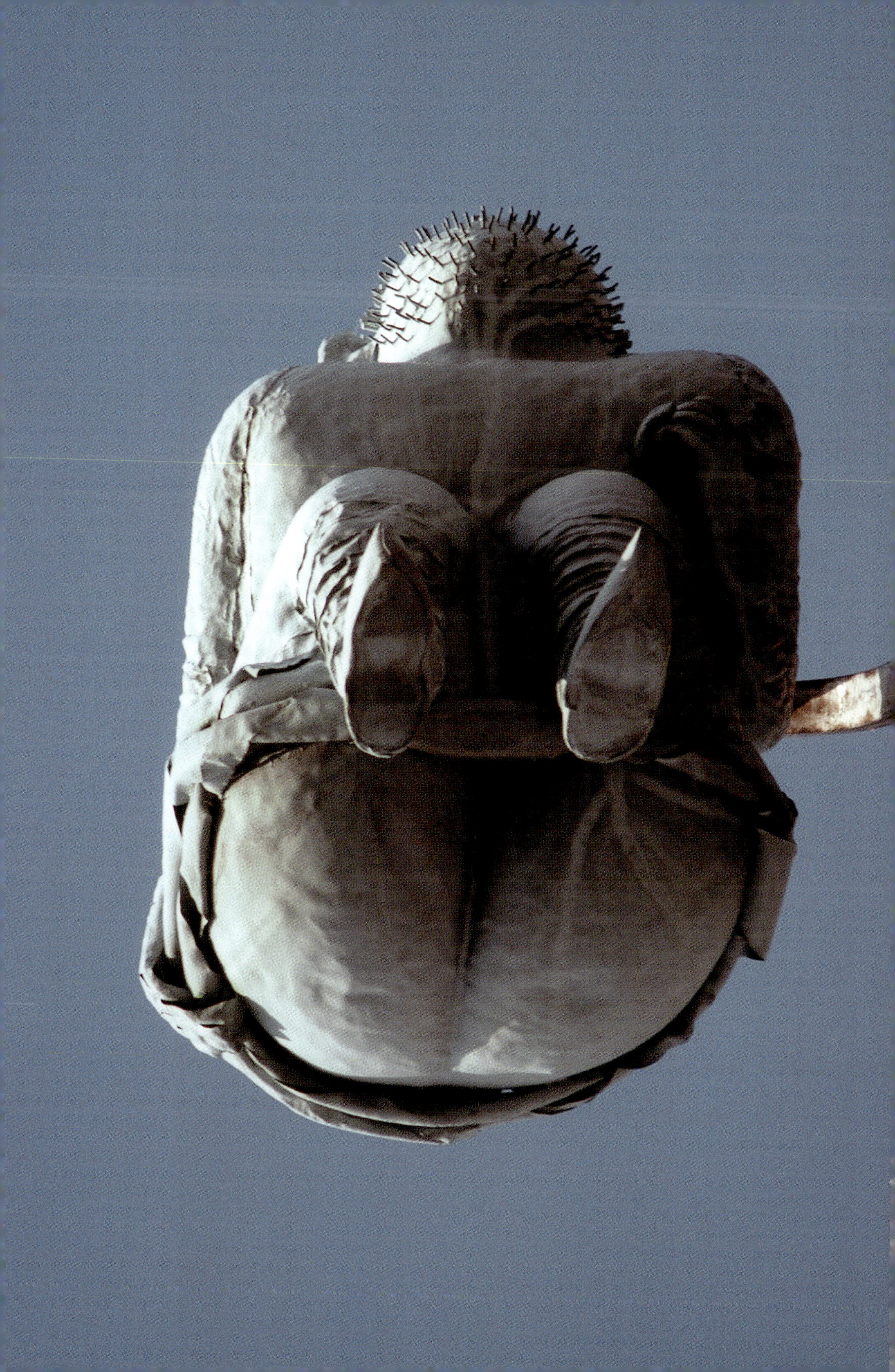

»WIR KOMMEN ALLE, ALLE, ALLE IN DEN HIMMEL«

Das bescheidene Denkmal für Jupp Schmitz (1901–1991) erinnert an den neben Willy Millowitsch nach dem Zweiten Weltkrieg populärsten Star, allerdings ein Star leiser Auftritte. Bildhauer Olaf Höhnen (1933–2009) hat das 1994 aufgestellte Denkmal gestaltet. Auf der für uns nicht sichtbaren Seite des geöffneten Flügels bekommen wir die kölsch-theologische Selbsteinschätzung der Kölner vorgeführt. Wer wird da noch widersprechen wollen:

»Wir kommen alle, alle, alle in den Himmel,
weil wir so brav sind,
Das sieht selbst der Petrus ein,
Ihr wart auf Erden schon die reinsten Engelein.«

▶ Denkmal für Jupp Schmitz auf dem Jupp-Schmitz-Plätzchen

SCHNITZ·SÄNGER

RIEVKOOCHEBUD

Den Duft der Rievkoochebud vor dem Hauptbahnhof im Schatten des Domes, ein für 20 Jahre Kölns Stadtlandschaft prägendes Element, hat man sicher noch in Erinnerung. Viele liebten Ort und Produkt, vielen war zumindest die Platzierung unerträglich. Abgebaut wird die kleine Bude 2004 nach langer oft emotionsgeladener Diskussion über eine vielen Kölnern peinliche Liebe. Am 1. April 2006 ist sie als Aprilscherz noch einmal auferstanden. Schade drum?

▶ Reibekuchenverkauf vor dem Hauptbahnhof

HOT-DOG & BRATWURST
REIBEKUCHEN das ORIGINAL
RIEVKOOCHE
AUS FRISCHEN
KARTOFFELN
NEU !!!
HOT-DOG
RIEVKOOCHE
AUS FRISCHEN
KARTOFFELN

Ungebremst begegnen wir der kölschen Lebensfreude im Alltag der Stadt, im Karneval und auf der Bühne. So für Jahrzehnte im Millowitsch-Theater: Gezielt fördert Konrad Adenauer in den wenigen Wochen als Oberbürgermeister 1945 das Millowitsch-Theater: »Jehn'se Herr Millowitsch! Jehn'se auf de Ämter, se kriejen alles was se brauchen – ich habe Avis gegebe. Und bauen'se so schnell wie möglich, daß die Leute wieder was zu lachen haben. Und für de Premiere hätt' ich jern zwei Karten, aber Freikarten bitte.« Der Wunsch Konrad Adenauers, dass das Volkstheater Millowitsch, die Heimatbühne an der Aachener Straße, möglichst rasch wiedereröffnet wird, erfüllt sich erst am 16. Oktober 1945, zehn Tage nach Adenauers Entlassung als Oberbürgermeister.

Als Sprössling einer Puppenspieler- und Schauspielerdynastie hat Willy Millowitsch (1909–1999) dem Volkstheater Kölns mit dem Fernsehen erfolgreich neue Publikumsschichten erschlossen. Köln hat seine Leistungen als Repräsentant der Stadt und ihrer Atmosphäre im Jahr 1989 mit der Ehrenbürgerwürde anerkannt. Ohne die Einnahmen aus den Übertragungen im WDR und ohne Nachfolger aus der Familie als Theaterleiter hat Sohn Peter Millowitsch das Unternehmen geschlossen, spielt aber erfolgreich weiter Theater. 1992 setzte Theaterkollege Harry Owens Willy Millowitsch zu Lebzeiten ein Denkmal, das nun seit 2014 auf dem Willy-Millowitsch-Platz im Herzen des Shopping-Trubels zwischen Breite Straße und Ehrenstraße steht. Bildhauer Raimund Kittl, der sich als Naturalist bezeichnet, gönnt dem Kölner Ehrenbürger einen ruhigen Platz auf einer Bank. Man sitzt gut neben ihm.

▶ Das Willy-Millowitsch Denkmal

EIN »GOLDENER VOGEL«

Deutliche Bildzeichen ins Kölner Stadtbild hat HA Schult platziert. Seit 1976 wird der Fiesta in Niehl gebaut, inzwischen in der fünften Generation. Ein goldfarbenes lackiertes geflügeltes Exemplar, konzipiert von HA Schult, das zeitweise heftige Debatten auslöste, nistet seit 1991 auf dem Treppenturm des historischen Zeughauses. Das war wie die maßstabsgetreue Kreuzblume vor dem Dom oder die Weltkugel auf dem Pylon der Severinsbrücke temporär gedacht, hat aber wie sie Wurzeln im Kölner Herz geschlagen. Alle sind zur Attraktion der Touristen geworden. Oft ist seitdem um den Verbleib auf dem Turm gestritten worden. Nächstes Jahr könnte er unter Denkmalschutz gestellt werden.

Für HA Schult ist die Umwelt von Beginn an Thema. 1968 führt der zweite Kölner Kunstmarkt – nun in der mehr Raum und Umsatz bietenden Kunsthalle – auch HA Schult nach Köln. Er wird mit einer Materialshow am 14. Oktober 1968 um 22 Uhr aktiv, bei der das Pfund Material – meist Schutt – für 5,00 DM und das Kilo für 7,50 DM verkauft wurden: »Ein sogenannter progressiver Künstler greift natürlich während bestimmter politischer Perioden Themen aus diesen politischen Perioden auf.« Das wird bei HA Schult mit biokinetischen Situationen, mit seinen diversen Aktionen zum Thema Auto oder Müll in verschiedenen Variationen sein Programm für die nächsten Jahrzehnte. Nach einem kurzen Ausflug nach Berlin ist er dem Standort Köln treu geblieben. Seine Kunst, sein Auftritt und der reich inszenierte Auftritt seiner Muse passen eben zu Köln.

▶ »Fetisch Auto« auf dem Treppenturm des Zeughauses

»KÖLN GIBT'S SCHON, ABER ES IST EIN TRAUM«

Das war der Titel eines Interviews mit Heinrich Böll (1917–1985) im Merian-Heft 12 des Jahres 1979. Der Versuch seines Gesprächspartners ihm wohlige Heimatgefühle aufzuzwingen, scheitert. Seit 1982 ist der Nobelpreisträger des Jahres 1972 dann Kölner Ehrenbürger. Heinrich Böll hat lebenslang die Entwicklung der Gesellschaft der Bundesrepublik ebenso wie die seiner Geburtsstadt mit kritischer Distanz analysiert und beschrieben. Wolfgang F. Meiers Traumbild von Köln lässt uns Heinrich Böll verstehen.

Der Anblick, hier noch ohne Liebesschlösser, wird sich ändern. Eine Verbreiterung der Wege für Fußgänger und Radfahrer wird diskutiert. Dann soll man auch keine Schlösser mehr anbringen können. Nicht erstmals in Köln aber ganz besonders in Köln werden seit Spätsommer 2008 an den Gittern der brückenbegleitenden Fußwege in ständig wachsender Zahl Vorhängeschlösser und nicht nur von Kölner Paaren angebracht. Die »Liebesschlösser« sind jeweils materielle Hoffnung auf eine dauerhafte Beziehung. Die Schlüssel werden nach dem Anbringen in den Rhein geworfen. Sie sind auch ein Denkmal der Beziehung der Liebenden zum Rhein und zu seiner ältesten Kölner Brücke. Eine Gefahr sind sie nicht. Im Jahre 2011 schätzte man ein Gesamtgewicht der Liebesschlösser von 2 Tonnen. Inzwischen rechnet man mit über 40 Tonnen Gewicht. Schon ein leerer Regionalzug bringt 350 Tonnen auf die Brücke.

▸ Hohenzollern-Brücke und Dom bei Nacht

AUSGEWÄHLTE DATEN

1914 Am 1. April Eingemeindung der Stadt Mülheim und der Gemeinde Merheim, die das Gebiet der Stadt Köln um über 70 Prozent vergrößern. Köln hat damit über 600.000 Einwohner.

1917 Konrad Adenauer wird Oberbürgermeister. Bis zur Machtergreifung der Nazis in Köln 1933 bleibt er im Amt.

1918 Am 7. November wird ein Arbeiter- und Soldatenrat gegründet und am 10. November durch einen Wohlfahrtsausschuss unter dem Vorsitz von Konrad Adenauer ersetzt, dem auch bürgerliche Parteien angehören.

1919 Neugründung der Universität, vorbereitet schon 1907 mit der Eröffnung der Handelshochschule, die 1919 den Kern der wiederbegründeten Universität bildet.

1922 Das Messe- und Ausstellungsgelände wird geschaffen. Weltweiter Erfolg zum Beispiel durch die internationale Presseausstellung »Pressa« 1928.

1922 Die Eingemeindung der Bürgermeisterei Worringen am 1. April mit Feldkassel, Fühlingen, Kasselberg, Langel, Merkenich, Rheinkassel, Roggendorf, Thenhoven und Weiler bringt keine 8.000 zusätzlichen Einwohner aber über 50 Quadratkilometer Flächenzuwachs für die Planungen der Zukunft.

1923 Das Müngersdorfer Stadion entsteht im neu angelegten Äußeren Grüngürtel (ehemaliges Festungsgelände). Fertigstellung der Messehallen. 1924 wird die erste Frühjahrsmesse eröffnet.

1929 Die Mülheimer Brücke wird als größte Kabelbrücke Europas errichtet und nach Kriegszerstörung 1951 wiederaufgebaut.

1930 Henry Ford legt den Grundstein für das Fordwerk in Köln-Niehl.

1932 Die Köln-Bonner Autobahn wird dem Verkehr übergeben.

1933 Am 13. März stürmen die Nationalsozialisten das Rathaus. Konrad Adenauer wird durch einen NS-Oberbürgermeister ersetzt.

1935 Am 1. Dezember zieht die Kölner Gestapo ins EL-DE-Haus um, das für fast zehn Jahre ein Ort des Terrors und der Folter wird.

1938 Im staatlich organisierten Pogrom der »Reichskristallnacht« (9./10. November) brennen auch die Kölner Synagogen.

1942 Köln ist in der Nacht vom 30. auf den 31. Mai Ziel des ersten 1.000-Bomber-Angriffs auf eine deutsche Stadt. Fast 500 Menschen sterben, 5.000

werden verletzt, fast 60.000 obdachlos. Bis 1945 steigt die Zahl der Luftkriegstoten auf 20.000, rund 90 Prozent der Innenstadt liegen zu Kriegsende in Trümmern.

1943 Die Verfolgung der Juden endet mit der Deportation von 11.000 Juden aus Köln und dem Umland in die Konzentrationslager des Ostens. Nur wenige überleben.

1945 Der letzte Luftangriff am 2. März vollendet die Vernichtung Kölns.

1945 6. März: Amerikanische Truppen erobern das linksrheinische Köln.

1945 21. Juni: Ablösung durch englische Besatzungstruppen

1945 1. Oktober: Erste Sitzung des berufenen Rates

1946 13. Oktober: Erste freie Ratswahl nach dem Krieg

1946 Am 07. März wird eine neue Kölner Stadtverfassung nach englischem Muster eingeführt. Der Kölner Rechtsanwalt Josef Haubrich stiftet seine bedeutende Sammlung moderner Kunst der Stadt. Wiedereröffnung der Musikhochschule in der Villa Oppenheim.

1948 8. Mai: Erste Wiederbefahrung der Hohenzollernbrücke. Über 100.000 feiern das 700-Jahr-Jubiläum der Grundsteinlegung des Kölner Doms.

1948 16. Oktober: Die Deutzer Brücke wird als erste neuerbaute deutsche Brücke nach dem Krieg und als damals modernste Europas dem Verkehr übergeben.

1951 8. September: An der Einweihung der neuen Mülheimer Brücke nehmen etwa 400.000 Menschen teil.

1957 18. Mai: Eröffnung des neuen Opernhauses

1959 Köln erreicht mit 772.000 Einwohnern wieder den Vorkriegsstand. 20. September: Der Neubau der Synagoge und das Jüdische Kulturzentrum in der Roonstraße werden feierlich eingeweiht.

1959 7. November: Einweihung der Severinsbrücke

1966 22. November: Einweihung der Zoobrücke

1967 Mit der weltweit ersten Kunstmesse (seit 1984 »Art Cologne«) beginnt die Entwicklung Kölns zum Kunsthandelszentrum.

1968 11. Oktober: Inbetriebnahme der ersten U-Bahn-Strecke

1972 24. August: Eröffnung des wiederhergestellten historischen Rathauses

1974 4. März: Eröffnung des Römisch-Germanischen Museums auf dem neugestalteten Domplatz

1975 1. Januar: Die vom Landtag beschlossene Kommunale Gebietsreform tritt in Kraft. Köln wird Millionenstadt. Eingliederung der Städte Porz und Wesseling, der Gemeinden Rodenkirchen, Lövenich und Sinnersdorf (ohne Ortskern), der Ortsteile Widdersdorf und Marsdorf sowie verschiedener kleinerer Gebiete.

1976 Nach der Wiederausgliederung von Wesseling zum 1. Juli 1976 sinkt Kölns Einwohnerzahl wieder unter die Millionengrenze.

1977 2. Dezember: Eröffnung des Museums für Ostasiatische Kunst am Aachener Weiher

1980 Jubiläumsjahr der Vollendung des Kölner Doms vor 100 Jahren. Am 15. November besucht Papst Johannes Paul II. die Stadt.

1981 Das ehemalige Gestapo-Gefängnis im EL-DE-Haus wird Gedenkstätte.

1982 5. November: Nach mehr als dreijähriger Bauzeit wird der Rheinufertunnel endgültig in Betrieb genommen.

1984 17. August: Mit einem dreitägigen Fest feiert Köln die Eröffnung des Rheingartens, dem Kernstück der Altstadtsanierung.

1984 1. September: Wiedereröffnung des Kölnischen Stadtmuseums nach mehrjährigem Umbau

1985 Jahr der Kölner Romanischen Kirchen

1986 6. September: Eröffnung des neuen Wallraf-Richartz-Museums/Museum Ludwig

1986 14. September: Eröffnung der Kölner Philharmonie

1987 1. Mai: Papst Johannes Paul II. besucht aus Anlass der Seligsprechung Edith Steins erneut die Stadt.

1989 11. Juni: Das Museum für Angewandte Kunst wird im renovierten Gebäude des früheren Wallraf-Richartz-Museums wiedereröffnet.

1991 Wegen des Golfkrieges fällt der Rosenmontagszug aus. Der millionste Bürger wird geboren.

1991 20. Dezember: Eröffnung des Kinocenters Cinedom im MediaPark

1992 9. November: das »Arsch huh – Zäng ussenander«-Konzert auf dem Chlodwigplatz gegen Ausländerfeindlichkeit mit mehr als 100.000 Teilnehmern an diesem Protest

1993 30. Oktober: Eröffnung des Imhoff Stollwerck Museums (Schokoladen-Museum)

1995 31. Januar: Mit 10,69 Metern erreicht das Hochwasser des Rheins ein zweites Mal die Jahrhundertmarke.

1998 17. Oktober: Eröffnung der Kölnarena, seit 2008 Lanxess Arena

1999 26. November: Eröffnung des Deutschen Sport- und Olympiamuseums im Rheinauhafen

2001 19. Januar: Eröffnung des neuen Wallraf-Richartz-Museums nach den Plänen von O. M. Ungers

2003 Im Mai eröffnet der Kölnische Kunstverein im neuen Domizil »Die Brücke« die erste Ausstellung nach dem Abriss der alten Räume am Neumarkt.

2004 9. Juni: Nagelbombenanschlag des Nationalsozialistischen Untergrunds in der Keupstraße in Köln-Mülheim

2005 14. Juni: Grundsteinlegung für das Kulturzentrum am Neumarkt, das 2010 eröffnet wird.

2005 17. bis 20. August: Papst Benedikt XVI. besucht Köln anlässlich des Weltjugendtags und spricht zu einer Million Gläubigen auf dem Marienfeld.

2009 März: Einsturz des Historischen Archivs während des Tunnelbaus für die Nord-Süd-Stadtbahn

2010 22. Oktober: Eröffnung von Rautenstrauch-Joest-Museum und Museum Schnütgen am Neumarkt

2015 13. Juli: Die Treppenanlage des Rheinboulevards auf dem rechten Rheinufer wird eröffnet.

2015 22. Oktober: Wahl von Henriette Reker zur Oberbürgermeisterin

2020 Die Corona-Pandemie ergreift im Frühjahr auch Köln. Die Verlegung der Wahl von Rat und Oberbürgermeister(in) wird diskutiert.

WEITERFÜHRENDE LITERATUR IN AUSWAHL

Neben der hier ausgewählten Literatur lohnt sich für viele Themen immer der Blick in die Kölner Zeitschriften, Kölner Jahrbücher, Rechtsrheinisches Köln, Geschichte in Köln, Fortis. Das Magazin, Jahrbuch des Kölnischen Geschichtsvereins oder Colonia Romanica.

Adenauer, Konrad: Eine Lebensfrage Kölns. Wald, Feld und Wiese vom Rhein bis zum Rhein. Köln 1920

Architekten- und Ingenieurverein Köln (Hg.): Köln – seine Bauten 2000. Köln 2000

Architektur Forum Rheinland e. V. (Hg.): Kölner Stadtbaumeister und die Entwicklung der städtischen Baubehörden seit 1821. Köln 2007

Becker, Ulrich: Ein Denkmal für Konrad Adenauer. Köln 1998

Becker-Jaklí, Barbara: Das Jüdische Köln. Geschichte und Gegenwart. Ein Stadtführer. Köln 2012

Becker-Jaklí, Barbara: Der Jüdische Friedhof Köln-Bocklemünd. Geschichte, Architektur und Biographien. Köln 2016

Bilz, Fritz: Eingemeindungsdiskussionen in und um Köln von 1860 bis 1914. In: Jahrbuch des Kölnischen Geschichtsvereins 82 (2013/14) S. 235–244

Binding, Günther/Müller, Georg: Die Bauten der Universität zu Köln. Köln 1988

Brunn, Gerhard: Sozial-Demokratie in Köln. Ein Beitrag zur Stadtgeschichte. 1986

Dietmar, Carl: Chronik von Köln. 3. überarb. u. aktual. Aufl. Gütersloh 1997

Dietmar, Carl/Jung, Werner: Köln. Die große Stadtgeschichte. 2. Aufl. Essen 2016

Eck, Werner (Hg.): Für Köln. Leben für die Stadt. Köln 2014

Fuchs, Peter (Hg.): Chronik zur Geschichte der Stadt Köln. Band 2: Von 1400 bis zur Gegenwart. 2. überarb. Aufl. Köln 1993

Fußbroich, Helmut: Architekturführer Köln. Profane Architektur nach 1900. Köln 1997

Fußbroich, Helmut: Skulpturenführer Köln. Skulpturen im öffentlichen Raum nach 1800. Köln 2000

Hagspiel, Wolfram/Kier, Hiltrud/Krings, Ulrich: Köln: Architektur der 50er Jahre. Köln 1986

Hagspiel, Wolfram: Marienburg. Ein Kölner Villenviertel und seine architektonische Entwicklung. Köln 2007

Hermann, Walther: Wirtschaftsgeschichte der Stadt Köln 1914–1970. In: Hermann Kellenbenz (Hg.): Zwei Jahrtausende Kölner Wirtschaft. Band 2 Köln 1975, S. 359–499

Hesse, Petra/Kramp, Mario/Soénius, Ulrich S. (Hg.): Köln 1914. Metropole im Westen. Köln 2014

Kier, Hiltrud/Schäfke, Werner: Die Kölner Ringe. Geschichte und Glanz einer Straße. Köln 1987

Kier, Hiltrud/Liesenfeld, Karen/Matzerath, Horst (Hg.): Architektur der 30er und 40er Jahre in Köln. Köln 1999

Kolberg, Gerhard (Hg.): Skulptur in Köln. Bildwerke des 20. Jahrhunderts im Stadtbild. Köln 1988

Kramp, Mario: 1914: Vom Traum zum Alptraum. Köln und der Beginn des Bombenkriegs in Europa. Köln 2014

Kramp, Mario/Trier, Marcus (Hg.): Der Heumarkt. Drunter und drüber. Köln 2017

Kierdorf, Alexander: Köln. Ein Architekturführer. Berlin 1999

Kreis Köln (Hg.): Denkschrift des Landkreises Köln zur Eingemeindung der Bürgermeisterei Worringen. Dormagen 1921

Laak, Dirk van: Archäologie des Alltags. Köln und seine Infrastruktur. Köln 2017

Louis, Reinold: Kölnischer Liederschatz. Köln 1986

Matzerath, Horst: Köln in der Zeit des Nationalsozialismus 1933–1945. Köln 2009

Mergel, Thomas: Köln im Kaiserreich 1871–1918. Köln 2018

Mittelmeier, Martin: DADA. Eine Jahrhundertgeschichte. Berlin 2016

Molzberger, Ansgar/Wassong, Stephan (Hg.): Siegen für den Führer. Der Kölner Sport in der NS-Zeit. Köln 2015

Oepen, Joachim/Schaffer, Wolfgang (Hg.): Kirche. Kanzel. Kloster. Pfarrgründungen, Kirchenbau und Seelsorge in der Kölner Neustadt 1880–1920. Köln 2006

Rheindorf, Hermann: Filmreise in die Kölner Sportgeschichte. DVD Köln 2019

Rosenzweig, Josef: Zwischen Judenbüchel und Sauacker. Im Süden Kölns an Bonner und Brühler Straße. Köln 1982

Rügemer, Werner: Colonia Corrupta. Globalisierung, Privatisierung und Korruption im Schatten des Kölner Klüngels. 8. Aufl. Münster 2015
Schäfke, Werner (Hg.): Der Name der Freiheit 1288–1988. Aspekte Kölner Geschichte von Worringen bis heute. 2 Bde. Köln 1988
Schäfke, Werner (Hg.): Hafenstadt Köln. Köln 2012
Schäfke, Werner/Laschet, Carsten: Brückenstadt Köln. Köln 2014
Schäfke, Werner: Kunsthaus Lempertz. Eine Kulturgeschichte. Köln 2015
Schäfke, Werner: Köln nach 1945. Die Geschichte unserer Gegenwart. 2. Aufl. Daun 2018
Schwarz, Hans-Peter: Adenauer. Der Aufstieg: 1876–1952. Stuttgart 1986
Standt, Volker: Köln im Ersten Weltkrieg. Veränderungen in der Stadt und des Lebens der Bürger 1914–1918. Göttingen 2014
Stehkämper, Hugo: Konrad Adenauer. Oberbürgermeister von Köln. Köln 1976
Überall, Frank: Der Klüngel in der politischen Kultur Kölns. Bonn 2007
Wallraf, Max: Aus einem rheinischen Leben. Hamburg/Berlin 1926